영어회화 필수패턴 자동암기

로라 & 니키 지음

바이링구얼

이 책의 학습법

 말할 수 있는 영어 문장 확인하기

영어 문장을 해석하는 것은 쉬워도 우리말을 영어로 바꾸는 것은 쉽지가 않습니다. 자신이 할 수 있는 말이 몇 개나 되는지 확인해 보세요.

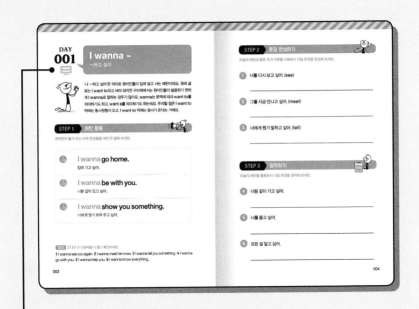

 유튜브 동영상 강의 시청하기

캘리포니아 출신 저자의 생생한 발음을 따라 말하고 문답하는 쌍방향 강의를 제공합니다. 매주 2~3개의 강의를 업로드하고 전체 강의는 100개로 구성됩니다. 한 패턴당 9개의 문장씩 총 900개의 유용한 문장을 익힐 수 있어요.

▶ http://www.youtube.com/c/KimLora

STEP 1
핵심 문장 여러 번 말하기
원어민이 즐겨 쓰는 핵심 문장이 입에 익도록
여러 번 말해 보세요.

STEP 1   패턴 활용

원어민이 즐겨 쓰는 아래 문장들을 여러

I wanna go

집에 가고 싶어

STEP 2
제시된 어휘로 영어 문장 완성하기
그날의 패턴과 제시된 어휘를 이용해서
영어 문장을 완성해 보세요.

STEP 2   문장 완성하

오늘의 패턴과 괄호 속의 어휘를 이용해

1 너를 다시 보고 싶어. (see)

STEP 3
영어 문장 직접 만들기
그날의 패턴을 활용해서 영어 문장을
직접 만들어 보세요.

STEP 3   영작하기

오늘의 패턴을 활용해서 다음 문장을 영

4 너랑 같이 가고 싶어.

영어 문장을 가리고 우리말을 영어로 말해 보기
학습한 패턴을 확실히 익혔는지 다시 한번 확인하는 단계입니다.
틀린 문장은 체크하고 다음에 다시 맞혀 보세요.

목차

이 책의 학습법 · 002

Part 1

영어로
말할 수
있나요?

① 집에 가고 싶어.

_____ go home.

② 볼래?

_____ see?

③ 예약하고 싶어요.

_____ make a reservation.

④ 올래요?

_____ come?

⑤ 나 그거 할 거야.

_____ do it.

⑥ 나 그렇게 안 할 거야.

_____ do that.

⑦ 너 그거 먹을 거야?

_____ eat that?

⑧ 나 너 도우려는 거야.

_____ help you.

⑨ 나 웃기려는 게 아니야.

_____ be funny.

⑩ 너 나 취하게 하려는 거야?

_____ get me drunk?

I wanna ~

~하고 싶어

'나 ~하고 싶어'란 의미로 원어민들이 입에 달고 사는 패턴이에요. 원래 글로는 I want to라고 써야 되지만 구어체에서는 원어민들이 발음하기 편하게 I wanna로 말하는 경우가 많아요. wanna는 문맥에 따라 want to를 의미하기도 하고, want a를 의미하기도 하는데요. 주의할 점은 I want to 뒤에는 동사원형이 오고, I want (a) 뒤에는 명사가 온다는 거예요.

STEP 1 ⟩ 패턴 활용

원어민이 즐겨 쓰는 아래 문장들을 여러 번 말해 보세요.

I wanna go home.
집에 가고 싶어.

I wanna be with you.
너랑 같이 있고 싶어.

I wanna show you something.
너에게 뭔가 보여 주고 싶어.

정답 STEP 2-3 문제를 다 풀고 확인하세요.

1 I wanna see you again. **2** I wanna meet him now. **3** I wanna tell you something. **4** I wanna go with you. **5** I wanna help you. **6** I wanna know everything.

STEP 2   문장 완성하기

오늘의 패턴과 괄호 속의 어휘를 이용해서 다음 문장을 완성해 보세요.

1 너를 다시 보고 싶어. (see)

_____

2 그를 지금 만나고 싶어. (meet)

_____

3 너에게 뭔가 말하고 싶어. (tell)

_____

STEP 3   영작하기

오늘의 패턴을 활용해서 다음 문장을 영작해 보세요.

4 너랑 같이 가고 싶어.

_____

5 너를 돕고 싶어.

_____

6 모든 걸 알고 싶어.

_____

Do you wanna ~?
~할래?

직역하면 '~ 하기를 원하니?', '~ 하고 싶니?'라는 뜻인데요. 뒤에 오는 동사에 따라 "볼래?", "먹을래?", "갈래?" "운동하고 싶어?" 등으로 다양하게 쓸 수 있습니다. 글로 쓸 때는 Do you want to가 맞지만 말할 때는 Do you wanna로 발음하는 게 더 자연스러워요. 더 나아가서 Do 또는 Do you를 생략하는 경우도 많습니다. 이렇게요! Wanna see the examples? Let's go! (예문을 보시겠어요? 시작해 보죠!)

STEP 1   패턴 활용

원어민이 즐겨 쓰는 아래 문장들을 여러 번 말해 보세요.

Do you wanna **see?**
볼래?

Do you wanna **get some breakfast?**
아침 먹을래?

Do you wanna **go get a drink?**
한잔하러 갈래?

정답 STEP 2-3 문제를 다 풀고 확인하세요.

1 Do you wanna play Xbox? **2** Do you wanna go grab some lunch? **3** Do you wanna study at my place after school? **4** Do you wanna come in? **5** Do you wanna bet? **6** Do you wanna go to sleep?

STEP 2   문장 완성하기

오늘의 패턴과 괄호 속의 어휘를 이용해서 다음 문장을 완성해 보세요.

1 엑스박스 할래? (Xbox)

_____

2 점심 먹으러 갈래? (grab some lunch)

_____

3 학교 끝나고 우리 집에서 공부할래? (at my place after school)

_____

STEP 3   영작하기

오늘의 패턴을 활용해서 다음 문장을 영작해 보세요.

4 들어올래?

_____

5 내기할래?

_____

6 자러 갈래?(졸리니?)

_____

I'd like to ~
~하고 싶어요

영어에는 존댓말이 없다는 건 어불성설이에요! I want to는 직접적이고 단도직입적으로 하고 싶은 것을 말하는 거라면 I would like to ~는 '~할 수 있을까요?'처럼 좀 더 공손하게 예를 갖춰 쓰는 표현이에요. 따라서 허물없는 사이보다는 예의를 갖춰야 하는 상황이나 잘 아는 사이더라도 공손하게 말할 때 많이 사용합니다. I want to와 I'd like to의 뉘앙스 차이점을 꼭 기억하세요!

STEP 1 　 패턴 활용

원어민이 즐겨 쓰는 아래 문장들을 여러 번 말해 보세요.

> **I'd like to make a reservation.**
> 예약하고 싶어요.
>
> **I'd like to talk to the manager.**
> 매니저와 얘기하고 싶어요.
>
> **I'd like to report a theft.**
> 절도 사건을 신고하고 싶어요.

정답 STEP 2–3 문제를 다 풀고 확인하세요.

1 I'd like to cash this check. **2** I'd like to open a savings account. **3** I'd like to introduce you to my friend. **4** I'd like to know. **5** I'd like to buy you a drink. **6** I'd like to cancel my subscription.

STEP 2 문장 완성하기

오늘의 패턴과 괄호 속의 어휘를 이용해서 다음 문장을 완성해 보세요.

1 이 수표를 현금으로 바꾸고 싶어요. (cash)

_____

2 예금 계좌를 개설하고 싶어요. (a savings account)

_____

3 내 친구에게 당신을 소개하고 싶어요. (to my friend)

_____

STEP 3 영작하기

오늘의 패턴을 활용해서 다음 문장을 영작해 보세요.

4 알고 싶어요.

_____

5 당신에게 한잔 사고 싶어요.

_____

6 제 구독을 취소하고 싶어요.

_____

Would you like to ~?
~할래요?

Do you want to ~?가 직접적으로 상대방의 의향을 묻는 말이라면 Would you like to ~?는 '혹시 ~하시겠어요?'처럼 조심스럽게 상대방의 의향을 물어보는 말입니다. 그렇다고 영어는 우리말처럼 반말과 존댓말이 명확하게 구분되는 건 아니기 때문에 친구 사이에서도 이 표현을 써서 말할 수 있어요. What would you like to do now?(여러분은 지금 무엇을 하고 싶나요?)

STEP 1 패턴 활용

원어민이 즐겨 쓰는 아래 문장들을 여러 번 말해 보세요.

Would you like to **come?**
올래요?

Would you like to **stay for dinner?**
저녁 먹고 갈래요?

Would you like to **leave a message?**
메시지 남길래요?

정답 STEP 2-3 문제를 다 풀고 확인하세요.
1 Would you like to see him? **2** Would you like to come over for lunch? **3** Would you like to join us? **4** Would you like to dance? **5** Would you like to sit down? **6** Would you like to have breakfast with me?

STEP 2 　문장 완성하기

오늘의 패턴과 괄호 속의 어휘를 이용해서 다음 문장을 완성해 보세요.

1　그를 볼래요? (him)

_____

2　점심 먹으러 여기 올래요? (come over)

_____

3　우리랑 함께할래요? (us)

_____

STEP 3 　영작하기

오늘의 패턴을 활용해서 다음 문장을 영작해 보세요.

4　춤출래요?

_____

5　앉을래요?

_____

6　저랑 같이 아침 먹을래요?

_____

I'm gonna ~
나 ~할 거야

자신이 곧 하려는 일에 대해 말할 때 쓰는 패턴이에요. 원래 글로는 I'm going to로 쓰지만 구어체에서는 흔히 I'm gonna로 발음됩니다. 보통 going to는 이미 계획된 미래의 일을 말할 때 쓰고, will은 그 순간 결정한 미래의 일을 말할 때 쓰는데요. 사실 going to는 많은 상황에서 will을 대신해서 쓸 수 있어요.

STEP 1 패턴 활용

원어민이 즐겨 쓰는 아래 문장들을 여러 번 말해 보세요.

I'm gonna **do it.**
나 그거 할 거야.

I'm gonna **miss you.**
나 네가 보고 싶을 거야.

I'm gonna **go work out.**
나 운동하러 갈 거야.

정답 STEP 2-3 문제를 다 풀고 확인하세요.

1 I'm gonna stay here for a while. **2** I'm gonna take the day off. **3** I'm gonna turn it down.
4 I'm gonna sleep. **5** I'm gonna take a shower. **6** I'm gonna marry her.

오늘의 패턴과 괄호 속의 어휘를 이용해서 다음 문장을 완성해 보세요.

1 나 여기 잠시 있을 거야. (for a while)

_____

2 나 월차 낼 거야. (the day off)

_____

3 나 그거 거절할 거야. (turn)

_____

오늘의 패턴을 활용해서 다음 문장을 영작해 보세요.

4 나 잘 거야.

_____

5 나 샤워할 거야.

_____

6 나 그녀와 결혼할 거야.

_____

DAY 006

I'm not gonna ~
나 ~하지 않을 거야

'나는 ~하지 않을 거야'란 의미로 미래시제이지만 꼭 미래에만 국한되지 않고 무언가를 하지 않겠다는 자신의 의지를 나타낼 때 많이 사용합니다. going to가 동사처럼 생겨서 뒤에 동사원형이 오는 게 어색하게 느끼는 사람들도 있는데 going to, 그러니까 gonna 뒤에는 꼭 동사가 등장해야 의미가 전달된다는 것 잊지 마세요! What aren't you gonna do?(여러분은 무엇을 하지 않을 건가요?)

STEP 1 ▶ 패턴 활용

원어민이 즐겨 쓰는 아래 문장들을 여러 번 말해 보세요.

I'm not gonna do that.
나 그렇게 안 할 거야.

- -

I'm not gonna eat this.
나 이거 안 먹을 거야.

- -

I'm not gonna laugh.
나 웃지 않을게.

정답 STEP 2-3 문제를 다 풀고 확인하세요.

1 I'm not gonna say anything. **2** I'm not gonna go without you. **3** I'm not gonna ask you again. **4** I'm not gonna lie. **5** I'm not gonna wear it. **6** I'm not gonna hurt you.

오늘의 패턴과 괄호 속의 어휘를 이용해서 다음 문장을 완성해 보세요.

1 나 아무 말도 안 할 거야. (say)

_____

2 나 너 없이는 안 갈 거야. (go)

_____

3 나 너한테 다시 묻지 않을 거야. (again)

_____

오늘의 패턴을 활용해서 다음 문장을 영작해 보세요.

4 나 거짓말하지 않을 거야.

_____

5 나 그거 입지 않을 거야.

_____

6 나 널 다치게 하지 않을 거야.

_____

Are you gonna ~?
너 ~할 거야?

"너 운동할 거야?", "너 공부할 거야?"처럼 상대방의 의사를 물어볼 때 쓰는 패턴이에요. 역시 Are you going to가 Are you gonna로 발음된 경우입니다. 문장 앞에 What이 오면 무엇을 할 건지 묻는 질문이 됩니다. **What you gonna do? Are you gonna study hard?**(여러분은 무엇을 할 건가요? 공부를 열심히 하실 건가요?)

STEP 1 ▶ 패턴 활용

원어민이 즐겨 쓰는 아래 문장들을 여러 번 말해 보세요.

Are you gonna **eat that?**
너 그거 먹을 거야?

Are you gonna **miss me?**
너 나 보고 싶어 할 거야?

Are you gonna **get that?**
너 그거 받을 거야?

정답 STEP 2–3 문제를 다 풀고 확인하세요.

1 Are you gonna wear that? **2** Are you gonna hate me forever? **3** Are you gonna sit around and do nothing? **4** Are you gonna tell her? **5** Are you gonna call him? **6** Are you gonna join us?

STEP 2 　문장 완성하기

오늘의 패턴과 괄호 속의 어휘를 이용해서 다음 문장을 완성해 보세요.

1 너 그거 입을 거야? (that)

_____

2 너 계속 나 미워할 거야? (forever)

_____

3 너 앉아서 아무것도 안 할 거야? (sit around)

_____

STEP 3 　영작하기

오늘의 패턴을 활용해서 다음 문장을 영작해 보세요.

4 너 그녀에게 말할 거야?

_____

5 너 그에게 전화할 거야?

_____

6 너 우리랑 같이할 거야?

_____

I'm trying to ~
나 ~하려고 하고 있어, 나 ~하려는 거야

내가 지금 무엇을 하려고 하는지, 어떠한 노력과 시도를 하고 있는지 말하는 패턴이에요. 단순히 내가 하려는 일에 대해 말할 때 쓰기도 하지만, 상대방이 내 의도를 잘못 파악하고 있을 때 그것을 바로 알려 주기 위해 쓰기도 합니다. 여러분은 지금 어떤 노력을 하고 있나요?

STEP 1 패턴 활용

원어민이 즐겨 쓰는 아래 문장들을 여러 번 말해 보세요.

I'm trying to **fit in.**
나 사람들과 어울리려고 하고 있어.

I'm trying to **get in shape.**
나 몸 만들려고 하고 있어.

I'm trying to **help you.**
나 너 도우려는 거야.

정답 STEP 2–3 문제를 다 풀고 확인하세요.

1 I'm trying to watch my weight. **2** I'm trying to have a conversation. **3** I'm trying to keep my options open. **4** I'm trying to sleep. **5** I'm trying to fix this. **6** I'm trying to have a baby.

오늘의 패턴과 괄호 속의 어휘를 이용해서 다음 문장을 완성해 보세요.

1 나 체중에 신경 쓰려고 하고 있어. (watch)

_____

2 나 대화를 하려는 거야. (conversation)

_____

3 나 선택지를 열어 두려는 거야. (keep my options)

_____

오늘의 패턴을 활용해서 다음 문장을 영작해 보세요.

4 나 자려고 하고 있어.

_____

5 나 이거 고치려고 하고 있어.

_____

6 나 아이 가지려고 하고 있어.

_____

DAY
009

I'm not trying to ~
나 ~하려는 게 아니야

상대방이 내가 불순한 목적으로 무엇을 한다고 생각하거나, 자신에게 무엇을 강요한다고 생각하는 등 내 의도를 잘못 파악하거나 오해의 여지가 있을 때 '내 의도는 그게 아니야', '내 마음은 그런 게 아니야'란 뜻으로 사용하는 패턴입니다.

STEP 1   패턴 활용

원어민이 즐겨 쓰는 아래 문장들을 여러 번 말해 보세요.

I'm not trying to **be funny.**
나 웃기려는 게 아니야.

I'm not trying to **be difficult.**
나 까다롭게 굴려는 게 아니야.

I'm not trying to **be popular.**
나 인기 얻으려는 게 아니야.

정답 STEP 2-3 문제를 다 풀고 확인하세요.

1 I'm not trying to make you feel bad. **2** I'm not trying to fool anybody. **3** I'm not trying to sell you anything. **4** I'm not trying to be rude. **5** I'm not trying to change you. **6** I'm not trying to persuade you.

오늘의 패턴과 괄호 속의 어휘를 이용해서 다음 문장을 완성해 보세요.

1 나 너 기분 나쁘게 하려는 게 아니야. (feel bad)

_____

2 나 누굴 속이려는 게 아니야. (fool)

_____

3 나 너에게 뭘 팔려는 게 아니야. (anything)

_____

오늘의 패턴을 활용해서 다음 문장을 영작해 보세요.

4 나 무례하게 굴려는 게 아니야.

_____

5 나 널 바꾸려는 게 아니야.

_____

6 나 널 설득하려는 게 아니야.

_____

DAY
010

Are you trying to ~?

너 ~하려는 거야?

상대방의 의도를 확인하거나 물어볼 때 '너 ~하려는 거야?'란 뜻으로 쓰는 패턴입니다. 주로 상대방의 행동을 이해할 수 없거나 못마땅할 때 많이 씁니다. 앞에서도 배웠지만 동사 try는 '노력하다'뿐만 아니라 '시도하다', '의도하다', '먹어 보다' 등 여러 의미를 가지고 있다는 거 잊지 마세요! Are you trying to learn English? Excellent!(여러분은 영어를 배우려고 하나요? 아주 훌륭해요!)

STEP 1 패턴 활용

원어민이 즐겨 쓰는 아래 문장들을 여러 번 말해 보세요.

Are you trying to make me jealous?
너 나 질투나게 하려는 거야?

Are you trying to get me drunk?
너 나 취하게 하려는 거야?

Are you trying to trick me?
너 나 속이려는 거야?

정답 STEP 2-3 문제를 다 풀고 확인하세요.

1 Are you trying to piss me off? **2** Are you trying to get yourself killed? **3** Are you trying to get a rise out of me? **4** Are you trying to seduce me? **5** Are you trying to get fired? **6** Are you trying to bribe us?

오늘의 패턴과 괄호 속의 어휘를 이용해서 다음 문장을 완성해 보세요.

1 너 나 열받게 하려는 거야? (piss ~ off)

_____

2 너 죽으려는 거야? (get yourself)

_____

3 너 일부러 나 화나게 하려는 거야? (get a rise out of)

_____

오늘의 패턴을 활용해서 다음 문장을 영작해 보세요.

4 너 나 유혹하려는 거야?

_____

5 너 짤리려는 거야?

_____

6 너 우리를 매수하려는 거야?

_____

Part2
영어로
말할 수
있나요?

정답
1 I'm kind of 2 I'm getting 3 I could use 4 I don't feel like 5 I've always wanted to
6 I look forward to 7 I can't wait to 8 I can't stop 9 I can't stand 10 I'm sick of

① 나 좀 바빠.

_____ busy.

② 나 점점 살쪄.

_____ fat.

③ 좀 쉬면 좋겠다.

_____ a break.

④ 지금 얘기하고 싶지 않아.

_____ talking now.

⑤ 항상 유럽에 가고 싶었어.

_____ go to Europe.

⑥ 너를 보는 게 너무 기대돼.

_____ seeing you.

⑦ 빨리 네가 보고 싶어.

_____ see you.

⑧ 계속 웃음이 나.

_____ laughing.

⑨ 더 이상 못 참겠어.

_____ it anymore.

⑩ 이렇게 사는 거 지긋지긋해.

_____ living like this.

DAY **011**

YouTube

I'm kind of ~

나 좀 ~해

kind of는 '약간', '어느 정도'란 뜻을 가지고 있는데요. 따라서 I'm kind of ~는 '나 살짝 ~해', '나 약간 이런 기분이야', '나 조금 이런 상태야'라는 의미의 패턴입니다. 조금 배가 고플 때나 살짝 화가 났을 때 이 패턴을 사용해서 말해 보세요! kind of와 비슷한 표현으로 sort of도 있습니다.

STEP 1 패턴 활용

원어민이 즐겨 쓰는 아래 문장들을 여러 번 말해 보세요.

 I'm kind of hungry.
나 좀 배고파.

 I'm kind of busy.
나 좀 바빠.

 I'm kind of tired.
나 좀 피곤해.

정답 STEP 2-3 문제를 다 풀고 확인하세요.

1 I'm kind of nervous. **2** I'm kind of embarrassed. **3** I'm kind of scared. **4** I'm kind of excited. **5** I'm kind of surprised. **6** I'm kind of shocked.

STEP 2 문장 완성하기

오늘의 패턴과 괄호 속의 어휘를 이용해서 다음 문장을 완성해 보세요.

1 나 좀 긴장돼. (n******)

_____

2 나 좀 창피해. (e**********)

_____

3 나 좀 무서워. (s*****)

_____

STEP 3 영작하기

오늘의 패턴을 활용해서 다음 문장을 영작해 보세요.

4 나 좀 신나.

_____

5 나 좀 놀랐어.

_____

6 나 좀 충격 받았어.

_____

I'm getting ~
나 점점 ~해

get의 수많은 의미 중에 '~하게 되다'란 것이 있는데요. 그래서 진행형 형태로 「I'm getting + 형용사」가 되면 '나의 상태나 기분이 점점 (어떻게) 변해 간다'란 말이 됩니다. 주어를 바꿔서 We are getting apart.(우리 점점 사이가 멀어져.)와 같이 쓸 수 있어요. I'm getting better at English!(나 영어 실력이 점점 향상되고 있어!)를 자신 있게 말할 수 있는 그날까지!

STEP 1 ▶ 패턴 활용

원어민이 즐겨 쓰는 아래 문장들을 여러 번 말해 보세요.

I'm getting **fat.**
나 점점 살쪄.

I'm getting **old.**
나 점점 늙어.

I'm getting **worried.**
나 점점 걱정돼.

정답 STEP 2-3 문제를 다 풀고 확인하세요.

1 I'm getting cold. **2** I'm getting sleepy. **3** I'm getting hungry. **4** I'm getting bored. **5** I'm getting sick. **6** I'm getting nervous.

STEP 2 문장 완성하기

오늘의 패턴과 괄호 속의 어휘를 이용해서 다음 문장을 완성해 보세요.

1 나 점점 추워. (c***)

_____

2 나 점점 졸려. (s*****)

_____

3 나 점점 배고파. (h*****)

_____

STEP 3 영작하기

오늘의 패턴을 활용해서 다음 문장을 영작해 보세요.

4 나 점점 심심해.

_____

5 나 점점 아파.

_____

6 나 점점 긴장돼.

_____

DAY 013

I could use ~
~하면 좋겠다

혹시 이 패턴을 보고 '~을 사용할 수 있다'란 의미로 생각했나요? could use ~는 '~이 있으면 좋겠다', '~을 필요로 하다'란 뜻의 구어체 표현이에요. 그래서 I could use ~라고 하면 '~하면 좋겠다'란 뜻이 됩니다. 뭔가를 원하거나 필요할 때 I want나 I wish 대신 I could use를 써서 말해보세요. 주위에서 '영어 좀 하는구나.' 하는 눈빛으로 쳐다볼 거예요!

원어민이 즐겨 쓰는 아래 문장들을 여러 번 말해 보세요.

I could use **a cup of coffee.**
커피 한잔 마시면 좋겠다.

I could use **a break.**
좀 쉬면 좋겠다.

I could use **some company.**
말동무가 좀 있으면 좋겠다.

정답 STEP 2-3 문제를 다 풀고 확인하세요.

1 I could use some fresh air. **2** I could use someone like you. **3** I could use your help.
4 I could use a drink. **5** I could use a nap. **6** I could use a ride.

오늘의 패턴과 괄호 속의 어휘를 이용해서 다음 문장을 완성해 보세요.

1 신선한 공기 좀 쐬면 좋겠다. (some fresh)

_____

2 너 같은 사람이 있으면 좋겠다. (someone)

_____

3 네가 도와주면 좋겠다. (your)

_____

오늘의 패턴을 활용해서 다음 문장을 영작해 보세요.

4 한잔하면 좋겠다.

_____

5 낮잠 좀 자면 좋겠다.

_____

6 좀 태워 주면 좋겠다.

_____

DAY 014

I don't feel like ~
~하고 싶지 않아

feel like ~는 '~하고 싶다', '~가 당기다'란 뜻인데요. 그래서 I don't feel like ~라고 하면 '~하고 싶지 않아', '~할 기분이 아니야'란 뜻이 됩니다. 우리도 가끔 "그럴 기분 아니야."란 말을 하는데요. 그게 바로 I don't feel like it.입니다. 긍정형의 feel like보다도 부정형인 don't feel like 의 형태로 더 많이 쓰이는 게 특징이에요. 뒤에 명사 또는 동사ing를 붙여서 말하면 됩니다.

STEP 1　패턴 활용

원어민이 즐겨 쓰는 아래 문장들을 여러 번 말해 보세요.

> ### I don't feel like **it.**
> 그거 하고 싶지 않아.

> ### I don't feel like **eating.**
> 먹고 싶지 않아.

> ### I don't feel like **talking now.**
> 지금 얘기하고 싶지 않아.

정답 STEP 2-3 문제를 다 풀고 확인하세요.

1 I don't feel like working today. **2** I don't feel like cooking tonight. **3** I don't feel like watching TV. **4** I don't feel like going. **5** I don't feel like dancing. **6** I don't feel like singing.

STEP 2   문장 완성하기

오늘의 패턴과 괄호 속의 어휘를 이용해서 다음 문장을 완성해 보세요.

1 오늘은 일하고 싶지 않아. (today)

_____

2 오늘 저녁은 요리하고 싶지 않아. (tonight)

_____

3 TV 보고 싶지 않아. (TV)

_____

STEP 3   영작하기

오늘의 패턴을 활용해서 다음 문장을 영작해 보세요.

4 가고 싶지 않아.

_____

5 춤추고 싶지 않아.

_____

6 노래하고 싶지 않아.

_____

DAY 015

I've always wanted to ~

항상 ~하고 싶었어

「have + p.p.(현재완료)」는 예전부터 지금까지 영향을 미치는 것을 의미하죠? 따라서 이 패턴은 '예전부터 지금까지 (무엇을) 하고 싶었다'란 뜻을 가지는데, 여기에 always가 들어가 '항상 ~을 하고 싶었다'라고 강조해 주고 있어요. 말할 때는 always에 강세를 주고 말해 주세요. 내가 항상 꿈꿔 왔던 소망, 꿈 등을 이야기할 때 이 패턴을 쓰면 됩니다. 여러분은 항상 무엇이 하고 싶었나요?

STEP 1 ▶ 패턴 활용

원어민이 즐겨 쓰는 아래 문장들을 여러 번 말해 보세요.

🗣️ I've always wanted to **try it.**
항상 그거 해 보고 싶었어.

🗣️ I've always wanted to **be a singer.**
항상 가수가 되고 싶었어.

🗣️ I've always wanted to **go to Europe.**
항상 유럽에 가고 싶었어.

정답 STEP 2-3 문제를 다 풀고 확인하세요.

1 I've always wanted to study abroad. **2** I've always wanted to learn to play drums.
3 I've always wanted to start my own business. **4** I've always wanted to live in Paris.
5 I've always wanted to write a novel. **6** I've always wanted to have children.

STEP 2 문장 완성하기

오늘의 패턴과 괄호 속의 어휘를 이용해서 다음 문장을 완성해 보세요.

1 항상 외국에서 공부하고 싶었어. (abroad)

_____

2 항상 드럼 치는 걸 배우고 싶었어. (to play drums)

_____

3 항상 내 사업을 시작하고 싶었어. (my own business)

_____

STEP 3 영작하기

오늘의 패턴을 활용해서 다음 문장을 영작해 보세요.

4 항상 파리에 살고 싶었어.

_____

5 항상 소설을 쓰고 싶었어.

_____

6 항상 아이가 갖고 싶었어.

_____

DAY 016

I look forward to ~
~이 너무 기대돼

forward는 '앞으로', '미래로'란 의미로 look forward to는 '희망을 갖고 미래를 바라보다'란 뜻이어서 '기대하다'란 말이 됩니다. '기대하다'라고 하면 expect를 떠올리는 경우가 많은데, expect는 '기대하다'보다 '예상하다'란 의미에 더 가까워요. 주의할 점은 look forward to 뒤에 동사원형이 아닌 동명사 또는 명사가 온다는 것, 잊지 마세요!

STEP 1 ｜ 패턴 활용

원어민이 즐겨 쓰는 아래 문장들을 여러 번 말해 보세요.

 I look forward to it.
그거 너무 기대돼.

 I look forward to seeing you.
너를 보는 게 너무 기대돼.

 I look forward to working with you.
너와 함께 일하는 게 너무 기대돼.

정답 STEP 2–3 문제를 다 풀고 확인하세요.

1 I look forward to hearing about it. **2** I look forward to his next articles. **3** I look forward to what happens next. **4** I look forward to tomorrow. **5** I look forward to the results. **6** I look forward to meeting her.

오늘의 패턴과 괄호 속의 어휘를 이용해서 다음 문장을 완성해 보세요.

1　그거 듣는 게 너무 기대돼. (about it)

_____

2　그의 다음 기사가 너무 기대돼. (next articles)

_____

3　다음에 뭐가 일어날지 너무 기대돼. (happens next)

_____

오늘의 패턴을 활용해서 다음 문장을 영작해 보세요.

4　내일이 너무 기대돼.

_____

5　결과가 너무 기대돼.

_____

6　그녀를 만나는 게 너무 기대돼.

_____

I can't wait to ~
빨리 ~하고 싶어

기대하는 무언가를 빨리 하고 싶다고 하거나, 손꼽아 기다리는 어떤 일이 빨리 일어났으면 하고 바랄 때 쓰는 패턴이에요. 직역하면 '~을 기다릴 수 없다'인데, 이 말은 즉 '빨리 ~하고 싶어서 못 기다리겠어'란 의미입니다. 여러분은 지금 어떤 일이 기대되고 빨리 하고 싶은가요? I can't wait to 뒤에 기대되는 일을 넣어서 말해 보세요.

STEP 1 패턴 활용

원어민이 즐겨 쓰는 아래 문장들을 여러 번 말해 보세요.

I can't wait to **see you.**
빨리 네가 보고 싶어.

I can't wait to **talk to her.**
빨리 그녀에게 말하고 싶어.

I can't wait to **read it.**
빨리 그게 읽고 싶어.

정답 STEP 2-3 문제를 다 풀고 확인하세요.

1 I can't wait to go on a trip. **2** I can't wait to hear the details. **3** I can't wait to see the look on his face. **4** I can't wait to meet him. **5** I can't wait to marry you. **6** I can't wait to be a dad.

오늘의 패턴과 괄호 속의 어휘를 이용해서 다음 문장을 완성해 보세요.

1 빨리 여행 가고 싶어. (on a trip)

_____

2 빨리 자세한 얘기가 듣고 싶어. (the details)

_____

3 빨리 그의 표정이 보고 싶어. (on his face)

_____

오늘의 패턴을 활용해서 다음 문장을 영작해 보세요.

4 빨리 그를 만나고 싶어.

_____

5 빨리 너와 결혼하고 싶어.

_____

6 빨리 아빠가 되고 싶어.

_____

DAY 018

I can't stop -ing
계속 ~하게 돼

직역하면 '나는 ~하는 것을 멈출 수 없다'인데, 이건 즉 '계속 ~을 하게 된다'란 말입니다. "계속 기침이 나.", "계속 네 생각이 나."처럼 자신의 의지와 달리 어떤 행동을 하게 되거나, 계속 어떤 감정이 생길 때 쓰는 패턴이에요. 기침, 웃음, 울음, 생각 등 특히 신체 현상과 관련해서 얘기할 때 많이 사용합니다.

STEP 1   패턴 활용

원어민이 즐겨 쓰는 아래 문장들을 여러 번 말해 보세요.

> ### I can't stop **laugh**ing.
> 계속 웃음이 나.
>
> ---
>
> ### I can't stop **sneez**ing.
> 계속 재채기가 나.
>
> ---
>
> ### I can't stop **eat**ing.
> 계속 먹게 돼.

 정답 STEP 2-3 문제를 다 풀고 확인하세요.

1 I can't stop thinking about you. **2** I can't stop talking about it. **3** I can't stop looking at him. **4** I can't stop crying. **5** I can't stop smiling. **6** I can't stop drinking.

오늘의 패턴과 괄호 속의 어휘를 이용해서 다음 문장을 완성해 보세요.

1 계속 네 생각이 나. (about you)

_____

2 계속 그 얘기를 하게 돼. (about it)

_____

3 계속 그를 쳐다보게 돼. (at him)

_____

STEP 3 영작하기

오늘의 패턴을 활용해서 다음 문장을 영작해 보세요.

4 계속 울음이 나.

_____

5 계속 미소 짓게 돼.

_____

6 계속 마시게 돼.

_____

DAY 019

YouTube

I can't stand ~
~을 못 참겠어

짜증나거나 불쾌한 상황 또는 사람 등 무언가를 더 이상 참을 수 없을 때 많이 쓰는 패턴이에요. stand는 '서다'란 뜻도 있지만 여기서는 '견디다, 참다'라는 뜻으로 I can't stand 뒤에 참을 수 없는 대상을 넣어서 말하면 됩니다. 어떤 사람이나 무엇을 아주 싫어할 때도 이 표현을 써서 말할 수 있어요. 여러분은 무엇을 견디지 못하나요? 주위에 참기 힘든 사람이 있나요?

STEP 1 　 패턴 활용

원어민이 즐겨 쓰는 아래 문장들을 여러 번 말해 보세요.

🔊 **I can't stand it anymore.**
더 이상 못 참겠어.

🔊 **I can't stand the cold.**
추위를 못 참겠어.

🔊 **I can't stand that guy.**
저 남자 못 참겠어.

정답 STEP 2–3 문제를 다 풀고 확인하세요.

1 I can't stand bad manners. **2** I can't stand her bullshit. **3** I can't stand people complaining. **4** I can't stand her. **5** I can't stand these people. **6** I can't stand that noise.

STEP 2 문장 완성하기

오늘의 패턴과 괄호 속의 어휘를 이용해서 다음 문장을 완성해 보세요.

1 무례한 건 못 참겠어. (manners)

_____

2 그녀의 거짓말을 못 참겠어. (bullshit)

_____

3 사람들이 불평하는 거 못 참겠어. (complaining)

_____

STEP 3 영작하기

오늘의 패턴을 활용해서 다음 문장을 영작해 보세요.

4 그녀를 못 참겠어.

_____

5 이 사람들 못 참겠어.

_____

6 저 소음 못 참겠어.

_____

I'm sick of ~
~(하는 거) 지긋지긋해

반복되는 무엇이나 오랫동안 지속되어 온 어떤 일이 내가 몸이 아프다고 느 끼는 끔만큼 너무 싫고 지겨울 때 쓰는 패턴이에요. sick of는 tired of보다 훨 씬 더 강한 부정적인 의미를 가지고 있으니 조심해서 사용해야 합니다. 정말 욕이 튀어나올 정도로 지긋지긋할 때만 써 주세요!

STEP 1 패턴 활용

원어민이 즐겨 쓰는 아래 문장들을 여러 번 말해 보세요.

I'm sick of living like this.
이렇게 사는 거 지긋지긋해.

I'm sick of your lies.
네 거짓말 지긋지긋해.

I'm sick of the same old thing.
맨날 똑같은 거 지긋지긋해.

정답 STEP 2-3 문제를 다 풀고 확인하세요.

1 I'm sick of eating Chinese food. **2** I'm sick of covering for you all the time. **3** I'm sick of him treating me like a kid. **4** I'm sick of waiting. **5** I'm sick of fighting. **6** I'm sick of hearing it.

오늘의 패턴과 괄호 속의 어휘를 이용해서 다음 문장을 완성해 보세요.

1 중국 음식 먹는 거 지긋지긋해. (Chinese food)

_____

2 항상 너 뒤치다꺼리하는 거 지긋지긋해. (for you all the time)

_____

3 그가 날 애 취급하는 거 지긋지긋해. (him treating me)

_____

오늘의 패턴을 활용해서 다음 문장을 영작해 보세요.

4 기다리는 거 지긋지긋해.

_____

5 싸우는 거 지긋지긋해.

_____

6 그거 듣는 거 지긋지긋해.

_____

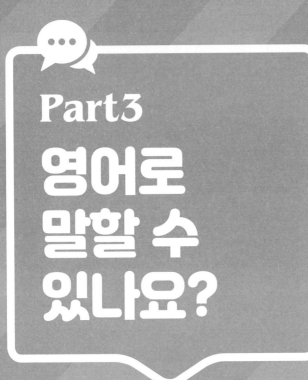

Part3
영어로 말할 수 있나요?

① 하나 더 주실래요?

_____ another?

② 늘 먹던 걸로 할게요.

_____ the usual.

③ 하나 드릴까요?

_____ one?

④ 한잔 가져다줄까요?

_____ a drink?

⑤ 내 물건 가지고 올게.

_____ my stuff.

⑥ 내 돈 돌려줄래?

_____ my money _____?

⑦ 내가 그거 열까?

_____ open it?

⑧ 이거 빌려도 될까요?

_____ borrow this?

⑨ 그녀는 누굴까?

_____ who she is.

⑩ 네가 부탁을 들어줄 수 있을지 궁금해서.

_____ could do me a favor.

DAY 021

Can I get ~?
~ 주세요, ~ 주실래요?, ~해 줄/받을 수 있을까요?

외국으로 여행을 가면 1순위로 가장 많이 쓰이는 패턴이에요. 여기서 **get**은 '얻다, 받다'라는 의미인데요. 상대방에게 무엇을 달라고 하거나, 무엇을 해 줄 수 있는지 물어볼 때 사용합니다. 특히 카페나 식당 같은 곳에서 주문할 때 많이 쓰이죠. Can I get ~? 대신 **Can I have ~?**라고 해도 같은 의미가 됩니다.

STEP 1 패턴 활용

원어민이 즐겨 쓰는 아래 문장들을 여러 번 따라 말해 보세요.

 ### Can I get **a grilled cheese and a coke?**
그릴드 치즈랑 콜라 주세요.

 ### Can I get **a refill?**
리필해 주실래요?

 ### Can I get **a ride?**
태워 주실 수 있을까요?

정답 STEP 2–3 문제를 다 풀고 확인하세요.

1 Can I get a small latte to go? **2** Can I get some napkins? **3** Can I get your number?
4 Can I get some water? **5** Can I get your autograph? **6** Can I get a refund?

STEP 2 　문장 완성하기

오늘의 패턴과 괄호 속의 어휘를 이용해서 다음 문장을 완성해 보세요.

1 스몰 라떼 하나 포장해 주세요. (to go)

_____

2 냅킨 좀 주실래요? (napkins)

_____

3 당신 연락처를 받을 수 있을까요? (number)

_____

STEP 3 　영작하기

오늘의 패턴을 활용해서 다음 문장을 영작해 보세요.

4 물 좀 주세요.

_____

5 사인 받을 수 있을까요?

_____

6 환불 받을 수 있을까요?

_____

I'll have ~
~로 할게요, ~ 먹을래

이것도 역시 주문할 때 많이 쓰는 패턴이에요. 친구와 대화하며 '나는 ~할 래', '나는 ~ 먹을래'라고 할 때도 쓸 수 있고, 종업원에게 주문할 때 '~로 할 게요'란 의미로도 사용합니다. I'll have 대신 I'm gonna have라고 해 도 같은 의미가 됩니다. I'll have ~가 Can I have ~?보다는 조금 덜 공 손한 표현이라는 것도 알아 두세요!

STEP 1 패턴 활용

원어민이 즐겨 쓰는 아래 문장들을 여러 번 따라 말해 보세요.

🔊 **I'll have** two eggs, over easy, not too runny and a side of sausages.

계란 2개 반숙으로 너무 흐르지 않게 하고, 소시지 같이 할게요.

🔊 **I'll have** the usual.

늘 먹던 걸로 할게요.

🔊 **I'll have** the same.

같은 걸로 할게요.

정답 STEP 2–3 문제를 다 풀고 확인하세요.

1 I'll have what she's having. **2** I'll have some more. **3** I'll have a shot of tequila. **4** I'll have a beer. **5** I'll have the salmon. **6** I'll have a number three.

오늘의 패턴과 괄호 속의 어휘를 이용해서 다음 문장을 완성해 보세요.

1 그녀가 먹는 걸로 할게요. (she's having)

_____

2 좀 더 할게요. (more)

_____

3 테킬라 한 잔 할게요. (tequila)

_____

오늘의 패턴을 활용해서 다음 문장을 영작해 보세요.

4 맥주로 할게요.

_____

5 연어로 할게요.

_____

6 3번으로 할게요.

_____

DAY
023

YouTube

Would you like ~?
~ 드릴까요?

상대방이 뭔가를 원하는지 공손하게 물어볼 때 쓰는 패턴이에요. **Do you want ~?**가 직접적이고 캐주얼한 느낌의 질문이라면 **Would you like ~?**는 좀 더 부드럽고 공손한 어감입니다. 그래서 레스토랑이나 상점 등 서비스 업종에 일하는 사람들로부터 많이 들을 수 있죠. 꼭 종업원이 아니어도 누구나 공손하게 물어볼 때 쓸 수 있습니다.

STEP 1 패턴 활용

원어민이 즐겨 쓰는 아래 문장들을 여러 번 따라 말해 보세요.

Would you like **one?**
하나 드릴까요?

....

Would you like **some?**
좀 드릴까요?

....

Would you like **a drink?**
(술) 한잔 드릴까요?, 마실 것 드릴까요?

 정답 STEP 2–3 문제를 다 풀고 확인하세요.

1 Would you like another glass? **2** Would you like some more wine? **3** Would you like still or sparkling? **4** Would you like a sandwich? **5** Would you like some apple? **6** Would you like a brochure?

058

오늘의 패턴과 괄호 속의 어휘를 이용해서 다음 문장을 완성해 보세요.

1 한 잔 더 드릴까요? (glass)

_____

2 와인 좀 더 드릴까요? (some more)

_____

3 물이나 탄산수 드릴까요? (still or)

_____

오늘의 패턴을 활용해서 다음 문장을 영작해 보세요.

4 샌드위치 드릴까요?

_____

5 사과 좀 드릴까요?

_____

6 안내 책자 드릴까요?

_____

DAY
024

Can I get you ~?

~ 가져다줄까요?

앞서 나왔던 Can I get ~?은 나 자신이 무엇을 받을 수 있는지 묻는 질문이었는데요. 이 뒤에 you가 와서 Can I get you ~?가 되면 상대방이 받는 거니까, '당신에게 ~를 가져다줄까요?'란 의미가 됩니다. 상대방에게 뭔가 필요해 보일 때 먼저 이 패턴을 사용해서 물어본다면 매너 있는 사람으로 보일 거예요.

STEP 1   패턴 활용

원어민이 즐겨 쓰는 아래 문장들을 여러 번 따라 말해 보세요.

Can I get you anything? Coffee? Tea?
뭐 가져다줄까요? 커피나 차?

Can I get you coffee? Water?
커피 가져다줄까요? 물이라도?

Can I get you a drink?
(술) 한잔 가져다줄까요?, 마실 것 가져다줄까요?

정답 STEP 2-3 문제를 다 풀고 확인하세요.

1 Can I get you something to eat? **2** Can I get you a cup of tea? **3** Can I get you some painkillers? **4** Can I get you breakfast? **5** Can I get you a beer? **6** Can I get you another?

오늘의 패턴과 괄호 속의 어휘를 이용해서 다음 문장을 완성해 보세요.

1   뭐 먹을 거 가져다줄까요? (something)

_____

2   차 한 잔 가져다줄까요? (tea)

_____

3   진통제 좀 가져다줄까요? (some)

_____

오늘의 패턴을 활용해서 다음 문장을 영작해 보세요.

4   아침 가져다줄까요?

_____

5   맥주 가져다줄까요?

_____

6   하나 더 가져다줄까요?

_____

DAY 025

YouTube

I'll go get ~

~ 가지고 올게

'가지고 오다'라고 하면 bring을 떠올리는 사람이 많은데요. bring은 밖에 있을 때 집에 있는 물건을 가지고 온다거나, 어떤 장소에 친구를 데리고 온다고 할 때 주로 쓰고, 근처에 있는 물건을 가져온다고 하거나 근처에 있는 사람을 데려온다고 할 때는 go get이란 표현을 씁니다. 원래는 go and get 이지만 영어회화에서는 이렇게 접속사 and를 생략한 채 go get과 같이 동사 두 개가 나란히 쓰이는 경우가 많답니다.

STEP 1　　패턴 활용

원어민이 즐겨 쓰는 아래 문장들을 여러 번 말해 보세요.

I'll go get **my stuff.**
내 물건 가지고 올게.

I'll go get **a band-aid.**
밴드 좀 가지고 올게.

I'll go get **you some water.**
너 마실 물 좀 가지고 올게.

정답　STEP 2-3 문제를 다 풀고 확인하세요.

1 I'll go get my coat. **2** I'll go get some more. **3** I'll go get us some drinks. **4** I'll go get a towel. **5** I'll go get him. **6** I'll go get the car.

오늘의 패턴과 괄호 속의 어휘를 이용해서 다음 문장을 완성해 보세요.

1 내 코트 가지고 올게. (my)

_____

2 좀 더 가지고 올게. (some)

_____

3 우리가 마실 것 좀 가지고 올게. (some drinks)

_____

오늘의 패턴을 활용해서 다음 문장을 영작해 보세요.

4 타월 가지고 올게.

_____

5 그를 데리고 올게.

_____

6 차 가지고 올게.

_____

DAY
026

Can I have ~ back?
~ 돌려줄래?

Can I have ~?는 앞에서 Can I get ~?과 함께 배웠는데요. 뭔가를 받을 수 있는지 묻는 질문이었죠. 이 패턴 마지막에 back이 붙으면 상대방이 가져간 내 물건을 돌려받을 수 있는지 묻는 질문이 됩니다. 직역해서 Give ~ back이라고 하면 "내놔!"처럼 조금은 무례한 말투가 될 수 있어요. 그러니 상대방이 허락 없이 내 물건을 뺏아간 경우가 아니라면 Can I have ~ back?을 써서 말해 보세요!

STEP 1 　패턴 활용

원어민이 즐겨 쓰는 아래 문장들을 여러 번 말해 보세요.

Can I have **it** back?
그거 돌려줄래?

Can I have **my money** back?
내 돈 돌려줄래?

Can I have **my keys** back?
내 열쇠 돌려줄래?

정답 STEP 2–3 문제를 다 풀고 확인하세요.

1 Can I have my notebook back? **2** Can I have my ball back? **3** Can I have my phone back? **4** Can I have him back? **5** Can I have my pen back? **6** Can I have my jacket back?

오늘의 패턴과 괄호 속의 어휘를 이용해서 다음 문장을 완성해 보세요.

1 내 노트 돌려줄래? (my)

_____

2 내 공 돌려줄래? (my)

_____

3 내 폰 돌려줄래? (my)

_____

오늘의 패턴을 활용해서 다음 문장을 영작해 보세요.

4 그를 돌려줄래?

_____

5 내 펜 돌려줄래?

_____

6 내 재킷 돌려줄래?

_____

DAY
027

Do you want me to ~?
내가 ~할까?, 내가 ~하길 원해?

직역하면 '너는 내가 ~하길 원하니?'인데요. 이걸 자연스럽게 의역하면 '내가 ~할까?'란 말이 됩니다. 상대방이 머뭇거리며 무엇을 제대로 못하고 있거나, 내가 뭔가 해 주길 바라는 눈치일 때 내 쪽에서 먼저 '내가 ~할까?'라는 뜻으로 쓰면 됩니다. 이것과 관련된 표현으로 What do you want me to do?가 있는데요. "내가 뭘 어떻게 해 줄까?", "나보고 뭘 어쩌라고?"란 의미로 미드나 영화에도 자주 등장하니 알아 두세요.

| STEP 1 | 패턴 활용 |

원어민이 즐겨 쓰는 아래 문장들을 여러 번 말해 보세요.

Do you want me to **go?**
내가 갈까?

Do you want me to **open it?**
내가 그거 열까?

Do you want me to **lie?**
내가 거짓말하길 원해?

정답 STEP 2–3 문제를 다 풀고 확인하세요.

1 Do you want me to ask him? **2** Do you want me to come over? **3** Do you want me to fix it? **4** Do you want me to drive? **5** Do you want me to stop? **6** Do you want me to beg?

STEP 2 문장 완성하기

오늘의 패턴과 괄호 속의 어휘를 이용해서 다음 문장을 완성해 보세요.

1 내가 그에게 물어볼까? (him)

_____

2 내가 그리로 갈까? (over)

_____

3 내가 그거 고칠까? (it)

_____

STEP 3 영작하기

오늘의 패턴을 활용해서 다음 문장을 영작해 보세요.

4 내가 운전할까?

_____

5 내가 그만하길 원해?

_____

6 내가 애원하길 원해?

_____

DAY

028

YouTube

Do you mind if I ~?

~해도 될까요?

여기서 mind는 '신경을 쓰다'란 의미여서 Do you mind if I ~?라고 하면 '혹시 내가 무엇을 하면 너 신경이 쓰이니[괜찮겠니]?'란 뜻이 됩니다. 즉 상대방에게 허락을 구할 때 '~을 해도 될까요?'라고 공손하게 물어보는 패턴입니다. 주의할 점은 대답할 때 No라고 하면 '신경 쓰지 않는다', '괜찮다'란 말이 되고, Yes로 답하면 '신경 쓴다', '안 된다'란 말이 된다는 것을 기억하세요.

STEP 1 패턴 활용

원어민이 즐겨 쓰는 아래 문장들을 여러 번 말해 보세요.

Do you mind if I **sit here?**
여기 앉아도 될까요?

Do you mind if I **borrow this?**
이거 빌려도 될까요?

Do you mind if I **join you?**
당신들과 함께해도 될까요?

정답 STEP 2–3 문제를 다 풀고 확인하세요.

1 Do you mind if I ask a question? **2** Do you mind if I open the window? **3** Do you mind if I take a look? **4** Do you mind if I smoke? **5** Do you mind if I take this? **6** Do you mind if I borrow her?

STEP 2 문장 완성하기

오늘의 패턴과 괄호 속의 어휘를 이용해서 다음 문장을 완성해 보세요.

1 질문 하나 해도 될까요? (a question)

_____

2 창문 열어도 될까요? (the window)

_____

3 한번 봐도 될까요? (a look)

_____

STEP 3 영작하기

오늘의 패턴을 활용해서 다음 문장을 영작해 보세요.

4 담배 피워도 될까요?

_____

5 이거 가져가도 될까요?

_____

6 그녀를 빌려도 될까요?

_____

DAY
029

I wonder ~
~는 뭘까?

wonder는 동사로 '궁금해하다'란 뜻인데요. "저 큰 저택에는 누가 살까?", "그녀는 지금 뭘 할까?"처럼 자신이 궁금한 것을 말할 때 「I wonder 의문사/if + 주어 + 동사」를 사용합니다. 혼잣말로도 정말 자주 쓰는 패턴이에요. 덤으로 정말 많이 쓰는 표현 I wonder why.가 있는데요. "난 도대체 모르겠다.", "도대체 왜일까?"란 뜻이니 함께 외워 두세요!

STEP 1 패턴 활용

원어민이 즐겨 쓰는 아래 문장들을 여러 번 따라 말해 보세요.

> ## I wonder **who she is.**
> 그녀는 누굴까?
>
> ---
>
> ## I wonder **if he knows.**
> 그가 알까?
>
> ---
>
> ## I wonder **what happened.**
> 무슨 일이 있었던 걸까?

정답 STEP 2–3 문제를 다 풀고 확인하세요.

1 I wonder who lives in that house. **2** I wonder what she's doing now. **3** I wonder if she'll notice. **4** I wonder where he is. **5** I wonder if it works. **6** I wonder what's wrong.

오늘의 패턴과 괄호 속의 어휘를 이용해서 다음 문장을 완성해 보세요.

1 누가 저 집에 살까? (in that house)

_____

2 지금 그녀는 뭐 할까? (doing now)

_____

3 그녀가 알아챌까? (if she'll)

_____

오늘의 패턴을 활용해서 다음 문장을 영작해 보세요.

4 그는 어디에 있을까?

_____

5 그게 작동할까?

_____

6 뭐가 문제일까?

_____

DAY 030

I was wondering if you ~

(혹시) 네가 ~할지 궁금해서

조심스럽게 상대방의 의향을 물어보는 패턴이에요. '궁금하다'라고 말하고 있지만 결국 대부분 질문이에요. 수줍게 데이트 신청을 하거나 조심스럽게 부탁할 때도 많이 사용합니다. 근데 왜 I was wondering이라고 과거형으로 말하는지 궁금하지 않나요? 영어에서는 이렇게 과거형으로 말하면 현재형으로 말할 때보다 더 공손하게 들린답니다. Can you ~?보다는 Could you ~?가 더 공손하게 들리는게 대표적인 예입니다.

STEP 1 패턴 활용

원어민이 즐겨 쓰는 아래 문장들을 여러 번 말해 보세요.

🗣 **I was wondering if you'd like to go out sometime.**
네가 언젠가 데이트하고 싶을지 궁금해서.

🗣 **I was wondering if you wanted to grab a bite.**
네가 간단히 먹으러 가고 싶은지 궁금해서.

🗣 **I was wondering if you could do me a favor.**
네가 부탁을 들어줄 수 있을지 궁금해서.

정답 STEP 2-3 문제를 다 풀고 확인하세요.

1 I was wondering if you would like to go to the movies. **2** I was wondering if you wanted to come with me. **3** I was wondering if you needed any help. **4** I was wondering if you'd like to come. **5** I was wondering if you could help me. **6** I was wondering if you were busy tonight.

오늘의 패턴과 괄호 속의 어휘를 이용해서 다음 문장을 완성해 보세요.

1 네가 영화 보러 가고 싶을지 궁금해서. (would like to)

_____

2 네가 나랑 같이 가고 싶은지 궁금해서. (wanted to)

_____

3 네가 도움이 필요할지 궁금해서. (needed any)

_____

오늘의 패턴을 활용해서 다음 문장을 영작해 보세요.

4 네가 오고 싶어 할지 궁금해서.

_____

5 네가 날 도와줄 수 있을지 궁금해서.

_____

6 네가 오늘 밤에 바쁜지 궁금해서.

_____

Part4

영어로 말할 수 있나요?

① 영어 배우러 왔어요.

_____ learn English.

② 나 그 얘기하러 온 게 아니야.

_____ talk about that.

③ 제 여동생 일로 전화했어요.

_____ my sister.

④ 나 휴가 중이야.

_____ vacation.

⑤ 나 말 잘하는 사람은 아니야.

_____ talker.

⑥ 나 여기 살았어.

_____ live here.

⑦ 나 막 나가려던 참이었어.

_____ go out.

⑧ 나 여기 있기로 결정했어.

_____ stay here.

⑨ 내가 말할게.

_____ talk.

⑩ 너 준비되면 알려 줘.

_____ when you're ready.

DAY 031

I'm here to ~
~하러 왔어요

어디를 찾아가서 어떤 목적으로 왔다고 말하거나, 어느 나라나 어떤 장소에 어떻게 오게 되었는지 묻는 질문에 대답할 때 쓰는 패턴이에요. 「I'm here to 동사」 형태로 사용합니다. 특히 '누구를 보러 왔는데요'라고 할 때는 「I'm here to see 누구」라고 하고, 자신의 목적을 명사로 말할 때는 I'm here for sightseeing.(관광하러 왔어요.)처럼 「I'm here for 명사」 형태로도 쓸 수 있습니다.

STEP 1 패턴 활용

원어민이 즐겨 쓰는 아래 문장들을 여러 번 말해 보세요.

 I'm here to see Mrs. Smith.
스미스 부인을 만나러 왔어요.

 I'm here to learn English.
영어 배우러 왔어요.

 I'm here to pick up my suit.
정장을 가지러 왔어요.

정답 STEP 2~3 문제를 다 풀고 확인하세요.

1 I'm here to apply for the job. **2** I'm here to pick up my son. **3** I'm here to ask a favor.
4 I'm here to make money. **5** I'm here to help you. **6** I'm here to apologize.

오늘의 패턴과 괄호 속의 어휘를 이용해서 다음 문장을 완성해 보세요.

1 일자리에 지원하려고 왔어요. (for the job)

_____

2 아들을 데리러 왔어요. (my son)

_____

3 부탁을 하려고 왔어요. (a favor)

_____

오늘의 패턴을 활용해서 다음 문장을 영작해 보세요.

4 돈 벌려고 왔어요.

_____

5 당신을 도우러 왔어요.

_____

6 사과하러 왔어요.

_____

I'm not here to ~
나 ~하러 온 게 아니야

앞 장에서 배운 I'm here to ~는 단순히 자신이 어디에 온 이유를 말하는 패턴인데요. 여기에 부정의 not이 추가된 I'm not here to ~는 반대의 의미를 가지면서도 사용하는 쓰임새에는 미묘한 차이가 있어요. 단순히 '나 ~하러 온 게 아니야'란 뜻으로 쓰기도 하지만, '나 그런 거나 하려고 여기 온 거 아니야'란 뉘앙스로 사용할 때도 많으니 기억해 두세요.

STEP 1 패턴 활용

원어민이 즐겨 쓰는 아래 문장들을 여러 번 따라 말해 보세요.

I'm not here to **talk about that.**
나 그 얘기하러 온 게 아니야.

I'm not here to **argue with you.**
나 너랑 다투러 온 게 아니야.

I'm not here to **make friends.**
나 친구 사귀러 온 게 아니야.

 정답 STEP 2-3 문제를 다 풀고 확인하세요.

1 I'm not here to see you. **2** I'm not here to do your job. **3** I'm not here to sell you anything. **4** I'm not here to fight. **5** I'm not here to drink. **6** I'm not here to dance.

오늘의 패턴과 괄호 속의 어휘를 이용해서 다음 문장을 완성해 보세요.

1 나 널 보러 온 게 아니야. (you)

_____

2 나 당신 일을 하러 온 게 아니야. (your job)

_____

3 나 너한테 뭐 팔러 온 게 아니야. (anything)

_____

오늘의 패턴을 활용해서 다음 문장을 영작해 보세요.

4 나 싸우러 온 게 아니야.

_____

5 나 술 마시러 온 게 아니야.

_____

6 나 춤추러 온 게 아니야.

_____

DAY 033

I'm calling about ~

~ 일로/~ 때문에/~ 보고 전화했어요

about은 '~에 관한', '~와 관련해서'란 뜻이잖아요. 따라서 I'm calling about ~은 '나는 ~와 관련해서/~ 일로 전화하고 있다'란 말입니다. 내가 전화한 이유를 말할 때 쓰는 패턴으로 about 뒤에는 명사가 옵니다. 더 넓게 의역하면 '~ 보고 전화했어요'라는 의미가 됩니다.

STEP 1 패턴 활용

원어민이 즐겨 쓰는 아래 문장들을 여러 번 따라 말해 보세요.

I'm calling about **your ad on Craigslist.**
크레이그스리스트에 나온 당신 광고를 보고 전화했어요.

I'm calling about **our meeting on Tuesday.**
우리 화요일 미팅 때문에 전화했어요.

I'm calling about **my sister.**
제 여동생 일로 전화했어요.

정답 STEP 2-3 문제를 다 풀고 확인하세요.

1 I'm calling about the house on Haro Street. **2** I'm calling about the apartment for rent. **3** I'm calling about the car you have advertised. **4** I'm calling about the job ad. **5** I'm calling about dinner tomorrow. **6** I'm calling about your son.

오늘의 패턴과 괄호 속의 어휘를 이용해서 다음 문장을 완성해 보세요.

1 하로 스트리트의 집을 보고 전화했어요. (on Haro Street)

_____

2 아파트 임대 보고 전화했어요. (for rent)

_____

3 당신이 광고한 차를 보고 전화했어요. (you have advertised)

_____

오늘의 패턴을 활용해서 다음 문장을 영작해 보세요.

4 일자리 광고를 보고 전화했어요.

_____

5 내일 저녁 식사 때문에 전화했어요.

_____

6 당신 아들 일로 전화했어요.

_____

DAY
034

I'm on ~
나 ~하는 중이야, 나 ~하고 있어

내가 지금 어떤 일을 하는 중이거나 어떤 상태에 있다고 말할 때 쓰는 패턴이에요. I'm on 뒤에는 명사가 옵니다. 어떤 일에 관해 현재진행형으로 말하면 무엇을 하고 있다고 '동작'에 중점을 두게 되고, I'm on을 쓰면 무엇을 하는 중인 '상태'에 중점을 두게 됩니다. 예를 들어 I'm here on business.라고 말하면 "나 여기 사업차 왔어."란 뜻이고, I'm doing business here.라고 하면 "나 여기서 사업을 하고 있어."란 뜻이 됩니다.

STEP 1 ▶ 패턴 활용

원어민이 즐겨 쓰는 아래 문장들을 여러 번 말해 보세요.

I'm on it.
나 그거 하고 있어.

I'm on vacation.
나 휴가 중이야.

I'm on medication.
나 약 먹고 있는 중이야.

 정답 STEP 2-3 문제를 다 풀고 확인하세요.

1 I'm on my way. **2** I'm on the phone. **3** I'm on a diet. **4** I'm on duty. **5** I'm on break. **6** I'm on TV.

오늘의 패턴과 괄호 속의 어휘를 이용해서 다음 문장을 완성해 보세요.

1 나 가고 있어. (my)

_____

2 나 통화 중이야. (the)

_____

3 나 다이어트 중이야. (a)

_____

오늘의 패턴을 활용해서 다음 문장을 영작해 보세요.

4 나 근무 중이야.

_____

5 나 휴식 중이야.

_____

6 나 텔레비전에 나오고 있어.

_____

DAY
035

I'm not much of a ~
나 ~하는 사람이 아니야

'나는 그다지 ~한 사람이 아니야'라고 말할 때 쓰는 패턴이에요. 즉 '나는 그다지 ~하는 걸 좋아하지 않아' 혹은 '나는 ~를 잘하는 사람이 아니야'라는 뜻이 됩니다. 예를 들어, 나는 술을 잘 마시지 못하는데 상대방이 술을 권하거나, 나는 음치인데 상대방이 자꾸 노래방에 가자고 할 때 등 내가 잘 못하거나 싫어하는 걸 상대방이 권할 때 유용하게 쓸 수 있어요.

STEP 1 ▶ 패턴 활용

원어민이 즐겨 쓰는 아래 문장들을 여러 번 따라 말해 보세요.

> ### I'm not much of **a talker.**
> 나 말 잘하는 사람은 아니야.
>
> ---
>
> ### I'm not much of **a cook.**
> 나 요리 잘하는 사람은 아니야.
>
> ---
>
> ### I'm not much of **a drinker.**
> 나 술 잘 마시는 사람은 아니야.

정답 STEP 2–3 문제를 다 풀고 확인하세요.

1 I'm not much of a dog person. **2** I'm not much of a sports guy. **3** I'm not much of a fighter. **4** I'm not much of a singer. **5** I'm not much of a dancer. **6** I'm not much of a writer.

STEP 2 　문장 완성하기

오늘의 패턴과 괄호 속의 어휘를 이용해서 다음 문장을 완성해 보세요.

1 나 강아지 좋아하는 사람은 아니야. (person)

_____

2 나 스포츠 좋아하는 남자는 아니야. (guy)

_____

3 나 싸움 잘하는 사람은 아니야. (f******)

_____

STEP 3 　영작하기

오늘의 패턴을 활용해서 다음 문장을 영작해 보세요.

4 나 노래 잘하는 사람은 아니야.

_____

5 나 춤 잘 추는 사람은 아니야.

_____

6 나 글 잘 쓰는 사람은 아니야.

_____

DAY

036

I used to ~

나 ~했었어

"나 걔랑 사겼었어.", "나 승무원 했었어."처럼 지금은 아니지만 과거에 무엇을 했거나 어땠다고 얘기할 때 쓰는 패턴이에요. "그땐 그랬었지."하며 과거를 회상할 때 많이 사용합니다. 내가 지금은 조신하지만 어렸을 땐 날라리였다고 하거나, 내가 지금은 가난하지만 한때는 촉망받는 운동선수였다고 말할 때 등 지금과 다른 과거에 대해 말할 때 유용하게 쓸 수 있어요. '~에 익숙하다'란 뜻의 I'm used to ~와 헷갈리지 않도록 조심하세요!

STEP 1 패턴 활용

원어민이 즐겨 쓰는 아래 문장들을 여러 번 말해 보세요.

I used to **be fat.**
나 뚱뚱했었어.

I used to **live here.**
나 여기 살았었어.

I used to **work at a ski resort.**
나 스키장에서 일했었어.

정답 STEP 2-3 문제를 다 풀고 확인하세요.

1 I used to play basketball in school. **2** I used to have a crush on Sam. **3** I used to sleep over at her house. **4** I used to smoke. **5** I used to dye my hair. **6** I used to hate him.

오늘의 패턴과 괄호 속의 어휘를 이용해서 다음 문장을 완성해 보세요.

1 나 학교에서 농구 했었어. (in school)

_____

2 나 샘 좋아했었어. (have a crush)

_____

3 나 그녀의 집에서 자고 오곤 했었어. (sleep over)

_____

오늘의 패턴을 활용해서 다음 문장을 영작해 보세요.

4 나 담배 피웠었어.

_____

5 나 머리 염색했었어.

_____

6 나 그를 싫어했었어.

_____

DAY 037

I was just about to ~
나 막 ~하려던 참이었어

외출하려던 참에 누가 찾아왔거나, 내가 전화하려던 참에 마침 그 사람에게서 전화가 걸려 왔을 때 등 '나 막 ~하려던 참이었어'라고 말할 때 쓰는 패턴이에요. 여기서 just는 '딱 그 순간'이라는 뜻이고 about to ~는 '~하려던 참'이란 뜻입니다. just는 표현을 좀 더 강조하는 부사로 사용되었는데, 그냥 just는 생략하고 I was about to라고 말해도 됩니다. 여러분은 방금 무엇을 하려던 참이었나요?

STEP 1 패턴 활용

원어민이 즐겨 쓰는 아래 문장들을 여러 번 말해 보세요.

I was just about to call you.
나 막 너한테 전화하려던 참이었어.

I was just about to say that.
나 막 그 말 하려던 참이었어.

I was just about to go out.
나 막 나가려던 참이었어.

정답 STEP 2–3 문제를 다 풀고 확인하세요.

1 I was just about to ask you the same thing. **2** I was just about to get out of bed. **3** I was just about to make dinner. **4** I was just about to take a break. **5** I was just about to go to bed. **6** I was just about to leave.

STEP 2 > 문장 완성하기

오늘의 패턴과 괄호 속의 어휘를 이용해서 다음 문장을 완성해 보세요.

1 나도 막 너한테 같은 거 물어보려던 참이었어. (the same thing)

_____

2 나 막 일어나려던 참이었어. (out of the bed)

_____

3 나 막 저녁 만들려던 참이었어. (make)

_____

STEP 3 > 영작하기

오늘의 패턴을 활용해서 다음 문장을 영작해 보세요.

4 나 막 쉬려던 참이었어.

_____

5 나 막 자려던 참이었어.

_____

6 나 막 떠나려던 참이었어.

_____

DAY 038

I decided to ~
나 ~하기로 결정했어

이 패턴은 말 그대로 무엇을 하기로 결정했다는 뜻인데요. 특히 고민하던 것인가에 관해 결정을 내렸을 때 많이 씁니다. decide라는 동사는 목적어로 to부정사만 취급하기 때문에 뒤에 동명사, 즉 동사ing 형태는 올 수 없음을 기억해 주세요! 같은 의미로 현재완료형인 I've decided to ~라고 말해도 됩니다.

STEP 1 　패턴 활용

원어민이 즐겨 쓰는 아래 문장들을 여러 번 따라 말해 보세요.

I decided to **stay here.**
나 여기 있기로 결정했어.

I decided to **move to Seoul.**
나 서울로 이사하기로 결정했어.

I decided to **become a vegetarian.**
나 채식주의자가 되기로 결정했어.

정답 STEP 2-3 문제를 다 풀고 확인하세요.

1 I decided to throw a party. **2** I decided to take a few days off. **3** I decided to join the Marine Corps. **4** I decided to go to France. **5** I decided to leave the company. **6** I decided to write a children's book.

오늘의 패턴과 괄호 속의 어휘를 이용해서 다음 문장을 완성해 보세요.

1 나 파티 열기로 결정했어. (throw)

_____

2 나 며칠 쉬기로 결정했어. (a few days)

_____

3 나 해병대에 입대하기로 결정했어. (the Marine Corps)

_____

오늘의 패턴을 활용해서 다음 문장을 영작해 보세요.

4 나 프랑스에 가기로 결정했어.

_____

5 나 회사를 떠나기로 결정했어.

_____

6 나 아동서 쓰기로 결정했어.

_____

DAY
039

Let me ~
내가 ~할게, 나 ~하게 해 줘

직역하면 '나 ~하게 해 줘'라고 허락을 묻는 말인데요. 이 표현은 허락을 구할 때뿐만 아니라 '내가 ~할게'처럼 자신의 의사를 완곡하게 표현할 때 많이 쓰입니다. 예를 들면, 나를 붙잡고 있는 상대방에게 나를 보내 달라고 할 때도 쓸 수 있고, 상대방이 어떤 일을 제대로 못해 애먹고 있을 때 내가 해 보겠다고 말할 때도 쓸 수 있어요. I'll do ~라고 직접적으로 말하는 것보다 Let me ~라고 하면 좀 더 부드러운 말투가 됩니다.

STEP 1   패턴 활용

원어민이 즐겨 쓰는 아래 문장들을 여러 번 말해 보세요.

Let me talk.
내가 말할게.

Let me see.
나 보여 줘.

Let me tell you something.
내가 너한테 얘기 좀 할게.(내 말 좀 들어봐.)

정답 STEP 2-3 문제를 다 풀고 확인하세요.

1 Let me guess. **2** Let me help you. **3** Let me think about it. **4** Let me explain. **5** Let me in. **6** Let me go.

오늘의 패턴과 괄호 속의 어휘를 이용해서 다음 문장을 완성해 보세요.

1 내가 맞혀 볼게. (g****)

_____

2 내가 널 도와줄게. (you)

_____

3 나 그거 생각해 볼게. (about it)

_____

오늘의 패턴을 활용해서 다음 문장을 영작해 보세요.

4 내가 설명할게.

_____

5 나 들여보내 줘.

_____

6 나 가게 해 줘.

_____

DAY 040

Let me know ~
~하면 알려 줘

let me know를 직역하면 '내가 알게 해 줘'니까, 즉 '알려 줘'란 말입니다. 특히 "필요한 거 있으면 알려 줘.", "준비되면 알려 줘."처럼 '~하면 알려 줘'라는 의미로 주로 쓰입니다. let me know 뒤에는 when, what 등의 의문사 또는 if가 이끄는 명사절이 옵니다. Tell me ~도 비슷한 의미이지만 Let me know ~라고 하면 좀 더 부드럽고 공손한 말이 됩니다.

STEP 1 　 패턴 활용

원어민이 즐겨 쓰는 아래 문장들을 여러 번 말해 보세요.

Let me know **if you need anything.**
뭐든 필요한 게 있으면 알려 줘.

Let me know **when you're ready.**
너 준비되면 알려 줘.

Let me know **what you think.**
너 어떻게 생각하는지 알려 줘.

정답 STEP 2-3 문제를 다 풀고 확인하세요.

1 Let me know if you change your mind. **2** Let me know when you're done. **3** Let me know as soon as you can. **4** Let me know if he bothers you. **5** Let me know when you get there. **6** Let me know what happens.

STEP 2 　 문장 완성하기

오늘의 패턴과 괄호 속의 어휘를 이용해서 다음 문장을 완성해 보세요.

1 네 마음이 바뀌면 알려 줘. (if you change)

_____

2 너 다하면 알려 줘. (done)

_____

3 가능한 한 빨리 알려 줘. (as soon as)

_____

STEP 3 　 영작하기

오늘의 패턴을 활용해서 다음 문장을 영작해 보세요.

4 그가 널 귀찮게 하면 알려 줘.

_____

5 너 거기 도착하면 알려 줘.

_____

6 무슨 일인지 알려 줘.

_____

Part5

영어로
말할 수
있나요?

① 그건 좋은 생각 같지 않아.

_____ that's a good idea.

② 내가 이거 못할 거라고 생각해?

_____ I can do this?

③ 타투를 할까 생각 중이야.

_____ getting a tattoo.

④ 지금은 아무것도 떠오르지 않아.

_____ anything right now.

⑤ 왜 내가 신경을 쓰는지 모르겠어.

_____ you bother.

⑥ 네가 그 말 할 줄 알았어.

_____ say that.

⑦ 널 여기서 볼 줄은 생각도 못했어.

_____ I'd see you here.

⑧ 네 마음에 들면 좋겠다.

_____ you like it.

⑨ 그러길 바라자.

_____ so.

⑩ 네가 여기 있었으면 좋을 텐데.

_____ you were here.

DAY 041

I don't think ~

~ 같지 않아, ~이 아닌 것 같아, ~라고 생각 안 해

직역하면 '나는 ~라고 생각하지 않아'인데, 이 말은 곧 '~ 같지 않아', '~ 이 아닌 것 같아'란 의미도 됩니다. 영어로 무엇이 아니라고 생각할 때 부정어 not이 뒷문장에 오지 않고 앞에 먼저 나오는 것이 일반적인데요. 예를 들어 "나는 그게 비싼 것 같지 않아."라고 말할 때 I think it's not expensive.보다 I don't think it's expensive.라고 말하는 게 더 자연스럽다는 말이죠.

> **STEP 1** 패턴 활용

원어민이 즐겨 쓰는 아래 문장들을 여러 번 말해 보세요.

I don't think **that's a good idea.**
그건 좋은 생각 같지 않아.

I don't think **I can do this.**
나 이거 할 수 있을 것 같지 않아.

I don't think **we should do that.**
우리가 그러면 안 될 것 같아.

정답 STEP 2-3 문제를 다 풀고 확인하세요.

1 I don't think she knows. **2** I don't think he's coming back. **3** I don't think I'm gonna win this. **4** I don't think you understand. **5** I don't think he did it. **6** I don't think she's fat.

STEP 2 　문장 완성하기

오늘의 패턴과 괄호 속의 어휘를 이용해서 다음 문장을 완성해 보세요.

1 그녀는 아는 것 같지 않아. (she)

_____

2 그는 돌아올 것 같지 않아. (he's)

_____

3 나 이거 이길 것 같지 않아. (I'm gonna)

_____

STEP 3 　영작하기

오늘의 패턴을 활용해서 다음 문장을 영작해 보세요.

4 네가 이해하는 것 같지 않아.

_____

5 그가 그걸 한 것 같지 않아.

_____

6 그녀가 뚱뚱하다고 생각 안 해.

_____

DAY
042

You don't think ~?
~가 아니라고 생각해?

우리말도 평서문 "내가 예쁘다고 생각 안 해."의 끝을 올려서 "내가 예쁘다고 생각 안 해?"라고 말하면 의문문이 되는 것처럼 영어도 평서문의 끝을 올려서 You don't think I'm pretty?라고 말하면 의문문이 됩니다. 물론 Don't you think I'm pretty?도 같은 뜻이에요. 이 패턴은 특히 상대방이 어떤 사실을 믿지 않거나 내 능력을 의심하거나 할 때 유용하게 쓸 수 있어요.

STEP 1 **패턴 활용**

원어민이 즐겨 쓰는 아래 문장들을 여러 번 말해 보세요.

You don't think **I can do this?**
내가 이거 못할 거라고 생각해?

You don't think **that's true?**
그게 사실이 아니라고 생각해?

You don't think **I know that?**
내가 그걸 모른다고 생각해?

정답 STEP 2–3 문제를 다 풀고 확인하세요.

1 You don't think it's too much? **2** You don't think I could ask her out? **3** You don't think I'm good enough? **4** You don't think he did it? **5** You don't think she's pretty? **6** You don't think I'm wrong?

오늘의 패턴과 괄호 속의 어휘를 이용해서 다음 문장을 완성해 보세요.

1 그거 너무하지 않다고 생각해? (it's too)

_____

2 내가 그녀에게 데이트 신청 못할 거라고 생각해? (I could ask)

_____

3 내가 충분하지 않다고 생각해? (I'm good)

_____

STEP 3 　영작하기

오늘의 패턴을 활용해서 다음 문장을 영작해 보세요.

4 그가 안 했다고 생각해?

_____

5 그녀가 예쁘지 않다고 생각해?

_____

6 내가 틀리지 않다고 생각해?

_____

101

DAY 043

I'm thinking of ~
~할까 생각 중이야

이 패턴은 현재진행형으로 말 그대로 '나는 (무엇을) 할까 생각 중이다'란 뜻 인데요. 요즘 한창 머릿속으로 계획 중인 일이나 고민하고 있는 일을 얘기할 때 쓰는 패턴입니다. 어느 정도 마음이 기울었을 때 말하는 경우도 많아요. of 뒤에는 동명사(동사ing)가 오는데, of 대신 about을 쓰면 좀 더 구체적 으로 무엇에 관해 생각 중이라는 뉘앙스가 됩니다.

STEP 1 패턴 활용

원어민이 즐겨 쓰는 아래 문장들을 여러 번 말해 보세요.

I'm thinking of **having a party.**
파티를 할까 생각 중이야.

I'm thinking of **taking a trip.**
여행을 갈까 생각 중이야.

I'm thinking of **getting a tattoo.**
타투를 할까 생각 중이야.

정답 STEP 2-3 문제를 다 풀고 확인하세요.

1 I'm thinking of going back to Korea. **2** I'm thinking of getting the bathroom redone.
3 I'm thinking of majoring in architecture. **4** I'm thinking of quitting. **5** I'm thinking of
moving to Jeju. **6** I'm thinking of building a house.

STEP 2 문장 완성하기

오늘의 패턴과 괄호 속의 어휘를 이용해서 다음 문장을 완성해 보세요.

1 한국으로 돌아갈까 생각 중이야. (going back)

_____

2 욕실을 리모델링할까 생각 중이야. (getting the bathroom)

_____

3 건축학을 전공할까 생각 중이야. (in architecture)

_____

STEP 3 영작하기

오늘의 패턴을 활용해서 다음 문장을 영작해 보세요.

4 그만둘까 생각 중이야.

_____

5 제주로 이사할까 생각 중이야.

_____

6 집을 지을까 생각 중이야.

_____

DAY 044

I can't think of ~

~이 떠오르지 않아

think of는 아이디어나 방법 등 새로운 생각이 떠오른다고 할 때도 쓰고, 이름이나 제목 등 알고 있던 기억이 떠오른다고 할 때도 쓰는데요. 그래서 부정문인 I can't think of ~로 말하면 '~이 떠오르지 않아'란 의미가 됩니다. remember는 단순히 '기억이 난다', '기억이 안 난다'라고 할 때만 쓸 수 있지만, think of는 쓰임새도 더 많고 뉘앙스도 차이 나니 구분해서 알아 두세요.

STEP 1 패턴 활용

원어민이 즐겨 쓰는 아래 문장들을 여러 번 말해 보세요.

🔊 I can't think of **anything right now.**

지금은 아무것도 떠오르지 않아.

....

🔊 I can't think of **what it's called.**

그걸 뭐라고 하는지 떠오르지 않아.

....

🔊 I can't think of **any other way.**

다른 방법은 아무것도 떠오르지 않아.

정답 STEP 2-3 문제를 다 풀고 확인하세요.

1 I can't think of anything but you. **2** I can't think of any other reason. **3** I can't think of anyone better. **4** I can't think of anything to say. **5** I can't think of a better idea. **6** I can't think of the word.

오늘의 패턴과 괄호 속의 어휘를 이용해서 다음 문장을 완성해 보세요.

1 너 외에 아무것도 떠오르지 않아. (anything but)

_____

2 다른 이유는 아무것도 떠오르지 않아. (any other)

_____

3 더 나은 사람이 아무도 떠오르지 않아. (anyone)

_____

오늘의 패턴을 활용해서 다음 문장을 영작해 보세요.

4 할 말이 아무것도 떠오르지 않아.

_____

5 더 나은 생각이 떠오르지 않아.

_____

6 단어가 떠오르지 않아.

_____

I don't know why ~

왜 ~인지 모르겠어

말 그대로 '나는 왜 ~인지 모르겠다'란 뜻의 패턴인데요. "왜 그녀가 날 떠났는지 모르겠어.", "왜 그가 화났는지 모르겠어."처럼 어떤 사실의 이유나 원인을 알 수 없을 때 사용합니다. 정말로 이유를 모를 때도 사용하지만 "내가 왜 그런 말을 했는지 모르겠어."처럼 자신의 행동을 후회할 때도 사용합니다.

STEP 1 패턴 활용

원어민이 즐겨 쓰는 아래 문장들을 여러 번 말해 보세요.

I don't know why I'm telling you this.
왜 내가 너한테 이 얘기를 하는지 모르겠어.

I don't know why you bother.
왜 네가 신경을 쓰는지 모르겠어.

I don't know why I hadn't thought of that.
왜 내가 그 생각을 못 했는지 모르겠어.

정답 STEP 2-3 문제를 다 풀고 확인하세요.

1 I don't know why I came here. **2** I don't know why he's so upset. **3** I don't know why you can't understand this. **4** I don't know why I said that. **5** I don't know why they're here. **6** I don't know why she left me.

오늘의 패턴과 괄호 속의 어휘를 이용해서 다음 문장을 완성해 보세요.

1 왜 내가 여기 왔는지 모르겠어. (here)

_____

2 왜 그가 그렇게 언짢아하는지 모르겠어. (upset)

_____

3 왜 네가 이걸 이해 못 하는지 모르겠어. (you can't)

_____

오늘의 패턴을 활용해서 다음 문장을 영작해 보세요.

4 왜 내가 그런 말을 했는지 모르겠어.

_____

5 왜 그들이 여기 있는지 모르겠어.

_____

6 왜 그녀가 나를 떠났는지 모르겠어.

_____

DAY
046

I knew you'd ~
네가 ~할 줄 알았어

you'd는 you would의 줄임말이고 would는 '~할 것이다'란 의미를 가지고 있는데요. I knew you'd ~를 직역하면 '나는 알았다, 네가 ~할 줄을'이란 말이 됩니다. 그래서 이 패턴은 "네가 늦을 줄 알았어.", "네가 까먹을 줄 알았어."처럼 내가 잘 알고 있는 상대방이 쉽게 예상되는 행동을 보였을 때 "내 그럴 줄 알았어."란 뉘앙스로 사용합니다.

STEP 1 패턴 활용

원어민이 즐겨 쓰는 아래 문장들을 여러 번 말해 보세요.

I knew you'd **forget.**
네가 까먹을 줄 알았어.

I knew you'd **say that.**
네가 그 말 할 줄 알았어.

I knew you'd **like it.**
네가 그거 좋아할 줄 알았어.

정답 STEP 2–3 문제를 다 풀고 확인하세요.

1 I knew you'd be late. **2** I knew you'd come back. **3** I knew you'd blame me. **4** I knew you'd hate it. **5** I knew you'd call me. **6** I knew you'd understand.

STEP 2　문장 완성하기

오늘의 패턴과 괄호 속의 어휘를 이용해서 다음 문장을 완성해 보세요.

1 네가 늦을 줄 알았어. (be)

_____

2 네가 돌아올 줄 알았어. (come)

_____

3 네가 내 탓할 줄 알았어. (blame)

_____

STEP 3　영작하기

오늘의 패턴을 활용해서 다음 문장을 영작해 보세요.

4 네가 그거 싫어할 줄 알았어.

_____

5 네가 나한테 전화할 줄 알았어.

_____

6 네가 이해할 줄 알았어.

_____

DAY 047

I never thought ~
~은 생각도 못 했어

우리말의 '~는 생각도 해 본 적 없어', '~는 꿈에도 생각 못 했어'와 같은 말을 영어로는 I never thought ~라고 합니다. 이 뒤에는 I would, she would, it would 등의 말이 와서 '내가 ~할지는', '그녀가 ~할지는', '그게 ~할지는' 등의 말이 되죠. 이 패턴으로 놀라움, 기쁨, 어이없음 등 상황에 따라 다양한 감정을 표현할 수 있어요.

STEP 1 패턴 활용

원어민이 즐겨 쓰는 아래 문장들을 여러 번 말해 보세요.

I never thought I'd see you here.
널 여기서 볼 줄은 생각도 못 했어.

I never thought I'd hear from you again.
너한테서 다시 연락 올지는 생각도 못 했어.

I never thought it would really happen.
그게 정말 일어날지는 생각도 못 했어.

정답 STEP 2-3 문제를 다 풀고 확인하세요.

1 I never thought I'd meet a girl like you. **2** I never thought I'd work in television. **3** I never thought he'd actually do it. **4** I never thought I'd say this. **5** I never thought you'd come. **6** I never thought we'd win.

오늘의 패턴과 괄호 속의 어휘를 이용해서 다음 문장을 완성해 보세요.

1 너 같은 여자를 만날 줄은 생각도 못 했어. (I'd meet a girl)

_____

2 내가 방송국에서 일할지는 생각도 못 했어. (in television)

_____

3 그가 실제로 그걸 할지는 생각도 못 했어. (he'd actually)

_____

오늘의 패턴을 활용해서 다음 문장을 영작해 보세요.

4 내가 이 말을 할지는 생각도 못 했어.

_____

5 네가 올지는 생각도 못 했어.

_____

6 우리가 이길지는 생각도 못 했어.

_____

DAY
048

YouTube

I hope ~
~하면 좋겠다

hope는 '바라다', '희망하다'란 뜻이니까 I hope ~는 '~하면 좋겠다'란 의미가 됩니다. 자신이 희망하는 것을 말하거나 인사말로 입버릇처럼 자주 쓰기도 해요. 예를 들면, 선물을 주면서 "네 마음에 들면 좋겠다."라고 하거나, 어떤 사람의 부상 소식을 듣고 "많이 다치지 않았으면 좋겠다."라고 할 때 자주 쓰이죠. 여러분은 어떤 바람이 있나요?

STEP 1 패턴 활용

원어민이 즐겨 쓰는 아래 문장들을 여러 번 말해 보세요.

I hope you like it.
네 마음에 들면 좋겠다.

I hope you're hungry.
네가 배고팠으면 좋겠다.(상대방에게 음식을 대접할 때 자주 사용)

I hope we can get a table.
우리 자리 있으면 좋겠다.

정답 STEP 2–3 문제를 다 풀고 확인하세요.

1 I hope you have a great time. 2 I hope I'm not interrupting. 3 I hope traffic wasn't too bad. 4 I hope you win. 5 I hope he's okay. 6 I hope you don't mind.

112

오늘의 패턴과 괄호 속의 어휘를 이용해서 다음 문장을 완성해 보세요.

1 네가 좋은 시간을 보내면 좋겠다. (a great time)

_____

2 내가 방해하는 게 아니면 좋겠다. (interrupting)

_____

3 교통 체증이 심하지 않았으면 좋겠다. (too bad)

_____

오늘의 패턴을 활용해서 다음 문장을 영작해 보세요.

4 네가 이기면 좋겠다.

_____

5 그가 괜찮으면 좋겠다.

_____

6 네가 개의치 않으면 좋겠다.

_____

DAY 049

Let's hope ~
~하길 바라자

Let's hope ~는 '~하길 함께 바라자', '한마음으로 ~하길 기도하자'란 의미를 담고 있는데요. "잘되길 바라자.", "그가 괜찮길 바라자."처럼 어떤 일을 혼자서 바라는 게 아니라 한마음으로 함께 바라자고 할 때 쓰는 패턴입니다. 혼자 희망하는 것보다는 좀 더 무게가 있고 간절함이 증폭된 표현이에요.

STEP 1 패턴 활용

원어민이 즐겨 쓰는 아래 문장들을 여러 번 말해 보세요.

Let's hope **so.**
그러길 바라자.

Let's hope **not.**
그러지 않길 바라자.

Let's hope **for the best.**
잘되길 바라자.

정답 STEP 2–3 문제를 다 풀고 확인하세요.

1 Let's hope this works. **2** Let's hope he changes his mind. **3** Let's hope we're not too late. **4** Let's hope you're right. **5** Let's hope that's true. **6** Let's hope she's okay.

오늘의 패턴과 괄호 속의 어휘를 이용해서 다음 문장을 완성해 보세요.

1) 이게 먹히길 바라자. (works)

2) 그가 마음을 바꾸길 바라자. (his mind)

3) 우리가 너무 늦지 않길 바라자. (we're not)

오늘의 패턴을 활용해서 다음 문장을 영작해 보세요.

4) 네 말이 맞길 바라자.

5) 그게 사실이길 바라자.

6) 그녀가 괜찮길 바라자.

DAY 050

I wish ~
~였으면 좋을 텐데

wish는 hope처럼 어떤 일이 실제로 일어나길 바라면서 쓰는 게 아니라, 자신의 바람과 다른 현실에 대해 안타까움을 나타낼 때 쓰는 단어예요. 예를 들면 키 작은 사람이 "키가 컸으면 좋을 텐데."라고 하거나, 모태솔로인 사람이 "여자 친구가 있었으면 좋을 텐데."라고 할 때 사용하죠. 현재의 상황과 반대되는 이야기를 하는 거라 가정법으로 뒤에는 과거형 동사가 옵니다. 현실과 거리감을 주기 위해 동사를 과거로 써서 거리감을 준다고 생각해도 될 것 같아요.

STEP 1 패턴 활용

원어민이 즐겨 쓰는 아래 문장들을 여러 번 말해 보세요.

🔊 **I wish you were here.**
네가 여기 있었으면 좋을 텐데.

🔊 **I wish I was a little taller.**
키가 좀 더 컸으면 좋을 텐데.

🔊 **I wish I had a girlfriend.**
여자 친구가 있었으면 좋을 텐데.

정답 STEP 2–3 문제를 다 풀고 확인하세요.

1 I wish I could be there with you. **2** I wish he was my boyfriend. **3** I wish I could be like you. **4** I wish I was her. **5** I wish you were my sister. **6** I wish I had a car like this.

오늘의 패턴과 괄호 속의 어휘를 이용해서 다음 문장을 완성해 보세요.

1 내가 너랑 같이 거기 있었으면 좋을 텐데. (I could be there)

_____

2 그가 내 남자 친구였으면 좋을 텐데. (he was)

_____

3 내가 너 같았으면 좋을 텐데. (I could be)

_____

오늘의 패턴을 활용해서 다음 문장을 영작해 보세요.

4 내가 그녀였으면 좋을 텐데.

_____

5 네가 내 여동생이였으면 좋을 텐데.

_____

6 이런 차가 있었으면 좋을 텐데.

_____

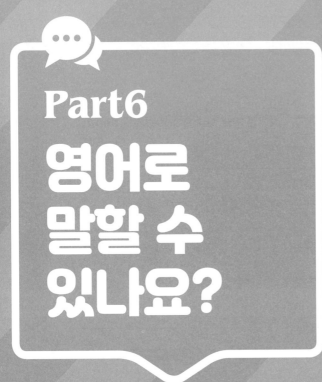

Part6
영어로
말할 수
있나요?

① 학교는 어때?

_____ school?

② 오늘 하루 어땠어?

_____ your day?

③ 그녀는 어떤 사람이야?

_____ she _____?

④ 그녀를 어떻게 생각해?

_____ her?

⑤ 김치 먹어 본 적 있어?

_____ tried Kimchi?

⑥ 여기서 일한 지 얼마나 됐어?

_____ worked here?

⑦ 그가 보고 싶을 때 있어?

_____ miss him?

⑧ 얼마나 자주 여기 와?

_____ come here?

⑨ 마지막으로 진찰을 받은 게 언제야?

_____ you saw a doctor?

⑩ 어떻게 너 나한테 그 얘길 안 할 수 있어?

_____ you never told me about that?

DAY 051

[YouTube]

How's ~?

~는 어때?

상대방의 안부를 물어볼 때 우리가 잘 아는 인사 표현 **How are you?**를 쓰잖아요. 마찬가지로 How is 그러니까 **How's**를 사용해서 상대방의 학교 생활, 사업, 건강, 연애 등에 관해 묻거나 상대방 가족이나 주변 인물의 안부를 물을 때 쓸 수 있어요. 예를 들면, "일은 어때? 익숙해졌어?", "다리는 어때? 많이 나았어?" 이런 식으로 물어볼 때 사용해요. So, how's your life?(자, 여러분의 생활은 어떤가요?)

STEP 1 패턴 활용

원어민이 즐겨 쓰는 아래 문장들을 여러 번 말해 보세요.

How's **school?**
학교는 어때?

How's **your dad?**
아버지는 어때?

How's **the leg?**
다리는 어때?

정답 STEP 2-3 문제를 다 풀고 확인하세요.

1 How's work? **2** How's the baby? **3** How's your stomach? **4** How's business? **5** How's your family? **6** How's your back?

오늘의 패턴과 괄호 속의 어휘를 이용해서 다음 문장을 완성해 보세요.

1 일은 어때? (w***)

_____

2 아기는 어때? (the)

_____

3 속은 어때? (your)

_____

오늘의 패턴을 활용해서 다음 문장을 영작해 보세요.

4 사업은 어때?

_____

5 가족들은 어때?

_____

6 허리는 어때?

_____

DAY
052

YouTube

How was ~?
~는 어땠어?

바로 앞 장에서 배운 How is ~?는 상대방이나 상대방 주변 인물의 안부를 물을 때 주로 사용되었는데요. How was ~?는 과거형으로 '~는 어땠어?'란 의미이다 보니 상대방의 하루 일과, 다녀온 여행, 파티, 데이트, 시험 등 상대방의 최근 일에 대한 결과나 소감을 물어볼 때 주로 사용합니다. 원어민들이 월요일에 친구나 동료를 만나면 꼭 쓰는 인사 표현이 있어요. How was your weekend?(주말 어땠어?)

STEP 1 패턴 활용

원어민이 즐겨 쓰는 아래 문장들을 여러 번 말해 보세요.

How was it?
그거 어땠어?

......

How was your day?
오늘 하루 어땠어?

......

How was traffic?
교통 어땠어?

정답 STEP 2-3 문제를 다 풀고 확인하세요.

1 How was your weekend? **2** How was your trip? **3** How was your English quiz? **4** How was Australia? **5** How was the movie? **6** How was dinner?

오늘의 패턴과 괄호 속의 어휘를 이용해서 다음 문장을 완성해 보세요.

1 주말 어땠어? (your)

---

2 여행 어땠어? (your)

---

3 영어 시험 어땠어? (your)

오늘의 패턴을 활용해서 다음 문장을 영작해 보세요.

4 호주 어땠어?

---

5 영화 어땠어?

---

6 저녁 어땠어?

DAY 053

What's ~ like?

~는 어떤 사람/것이야?

여기서 like는 '(무엇과) 비슷한, 같은'이란 의미여서 What's ~ like?는 '~는 무엇과 비슷하냐', 즉 '~는 어떠하냐'란 질문이 됩니다. "남자 친구는 어떤 애야?", "네 고향은 어떤 곳이야?"처럼 어떤 사람인지, 어떤 곳인지, 어떤 편인지 등 궁금한 무엇에 대해 상대방에게 설명해 달라고 할 때 쓰는 패턴이에요.

STEP 1 패턴 활용

원어민이 즐겨 쓰는 아래 문장들을 여러 번 말해 보세요.

What's **she** like?
그녀는 어떤 사람이야?

What's **London** like?
런던은 어떤 곳이야?

What's **the weather** like?
날씨는 어떤 편이야?

정답 STEP 2–3 문제를 다 풀고 확인하세요.

1 What's your dad like? **2** What's your boyfriend like? **3** What's your room like? **4** What's he like? **5** What's your sister like? **6** What's Olivia like?

STEP 2　문장 완성하기

오늘의 패턴과 괄호 속의 어휘를 이용해서 다음 문장을 완성해 보세요.

1 네 아버지는 어떤 분이야? (your)

_____

2 네 남자 친구는 어떤 사람이야? (your)

_____

3 네 방은 어떤 느낌이야? (your)

_____

STEP 3　영작하기

오늘의 패턴을 활용해서 다음 문장을 영작해 보세요.

4 그는 어떤 사람이야?

_____

5 네 여동생은 어떤 애야?

_____

6 올리비아는 어떤 사람이야?

_____

DAY 054

What do you think of ~?
~를 어떻게 생각해?

영어로 "넌 어떻게 생각해?"를 What do you think?라고 하는데요. '~를 어떻게 생각해?라고 물어볼 때는 What do you think of ~?라고 하고 of 뒤에 명사나 동명사가 옵니다. of 대신 about을 써도 됩니다. 새로 산 옷, 어떤 아이디어, 어떤 사람 등 무엇에 대해 상대방이 어떻게 생각하는지, 좋은지, 싫은지 등 그 사람의 의견을 물어볼 때 사용합니다.

STEP 1 패턴 활용

원어민이 즐겨 쓰는 아래 문장들을 여러 번 말해 보세요.

What do you think of **this?**
이거 어떻게 생각해?

What do you think of **her?**
그녀를 어떻게 생각해?

What do you think of **my place?**
우리 집 어떻게 생각해?

정답 STEP 2–3 문제를 다 풀고 확인하세요.

1 What do you think of your new car? **2** What do you think of this idea? **3** What do you think of the suit? **4** What do you think of New York? **5** What do you think of this shirt? **6** What do you think of Jess?

STEP 2 문장 완성하기

오늘의 패턴과 괄호 속의 어휘를 이용해서 다음 문장을 완성해 보세요.

1 네 새 차 어떻게 생각해? (your)

_____

2 이 아이디어 어떻게 생각해? (this)

_____

3 그 정장 어떻게 생각해? (the)

_____

STEP 3 영작하기

오늘의 패턴을 활용해서 다음 문장을 영작해 보세요.

4 뉴욕을 어떻게 생각해?

_____

5 이 셔츠 어떻게 생각해?

_____

6 제스를 어떻게 생각해?

_____

DAY
055

YouTube

Have you ever ~?
~해 본 적 있어?

"너 하와이에 가 봤니?", "너 귀신 본 적 있어?"처럼 상대방이 뭔가를 해 본 적이 있는지 물어보는 패턴이에요. 그냥 Have you ~?라고 해도 되지만 '한번이라도'란 뉘앙스의 ever가 들어가면 질문을 더 강조해 줍니다. 외국인에게 한국과 관련된 무엇을 아느냐고 물어볼 때 직역해서 Do you know BTS? 이런 식으로 묻는 경우가 많은데요. 이러면 개인적으로 아느냐는 말이 되어서 Have you (ever) heard of BTS?라고 하는 게 좀 더 자연스럽습니다.

STEP 1   패턴 활용

원어민이 즐겨 쓰는 아래 문장들을 여러 번 말해 보세요.

Have you ever **been to Korea?**
한국에 가 본 적 있어?

Have you ever **heard of "Blackpink"?**
'블랙핑크' 들어 본 적 있어?

Have you ever **tried Kimchi?**
김치 먹어 본 적 있어?

정답   STEP 2–3 문제를 다 풀고 확인하세요.

1 Have you ever tried yoga? **2** Have you ever done this before? **3** Have you ever taught anybody? **4** Have you ever seen her before? **5** Have you ever met him? **6** Have you ever played golf?

오늘의 패턴과 괄호 속의 어휘를 이용해서 다음 문장을 완성해 보세요.

1 요가 해 본 적 있어? (tried)

_____

2 전에 이거 해 본 적 있어? (done)

_____

3 누군가 가르쳐 본 적 있어? (anybody)

_____

오늘의 패턴을 활용해서 다음 문장을 영작해 보세요.

4 전에 그녀를 본 적 있어?

_____

5 그를 만나 본 적 있어?

_____

6 골프 쳐 본 적 있어?

_____

DAY 056

YouTube

How long have you p.p. ~?
~한 지 얼마나 됐어?

한국에서 산 지 얼마나 되었는지, 남자 친구와 사귄 지 얼마나 되었는지 등 과거부터 지금까지 무엇을 한 기간에 대해 물어볼 때는 현재완료 시제를 사용합니다. 단순 과거 시제인 How long did you live in Seoul? 이란 질문은 상대방이 현재는 서울에 살고 있지 않을 때 쓸 수 있어요. 만약 결혼해서 잘 살고 있는 사람에게 과거형을 써서 결혼 기간을 물어본다면 본의 아니게 상대방을 돌싱으로 만들어 버리게 되니 조심하세요!

STEP 1 패턴 활용

원어민이 즐겨 쓰는 아래 문장들을 여러 번 말해 보세요.

How long have you **been here?**
여기 있은 지 얼마나 됐어?

How long have you **worked here?**
여기서 일한 지 얼마나 됐어?

How long have you **been seeing her?**
그녀와 사귄 지 얼마나 됐어?

정답 STEP 2–3 문제를 다 풀고 확인하세요.

1 How long have you been together? **2** How long have you lived in L.A.? **3** How long have you been teaching English? **4** How long have you known him? **5** How long have you been married? **6** How long have you been waiting?

오늘의 패턴과 괄호 속의 어휘를 이용해서 다음 문장을 완성해 보세요.

1 너희 사귄 지 얼마나 됐어? (together)

_____

2 LA에서 산 지 얼마나 됐어? (lived)

_____

3 영어를 가르친 지 얼마나 됐어? (teaching English)

_____

오늘의 패턴을 활용해서 다음 문장을 영작해 보세요.

4 그를 안 지 얼마나 됐어?

_____

5 결혼한 지 얼마나 됐어?

_____

6 기다린 지 얼마나 됐어?

_____

DAY 057

Do you ever ~?

너 ~할 때 있어?

ever는 '한 번이라도'란 강조의 의미로, 이 패턴은 상황에 따라 조금 다르게 쓰입니다. 단순히 상대방이 가끔 무엇을 한 번씩 하는지 궁금해서 '너 ~할 때 있어?'란 의미로 쓰기도 하고, 상대방이 무엇을 전혀 안 하는 것처럼 보여서 답답한 마음으로 '너 ~를 하긴 하는 거야?'라는 의미로 말하기도 합니다. 만약 선생님이 화를 내며 Do you ever study English?라고 한다면 "너 도대체 영어 공부를 하는 거니?"란 의미가 되겠죠.

STEP 1 패턴 활용

원어민이 즐겨 쓰는 아래 문장들을 여러 번 말해 보세요.

Do you ever **miss him?**
너 그가 보고 싶을 때 있어?

Do you ever **watch CNN?**
너 CNN 볼 때 있어?

Do you ever **go to baseball games?**
너 야구 경기 보러 갈 때 있어?

정답 STEP 2–3 문제를 다 풀고 확인하세요.

1 Do you ever go snowboarding? **2** Do you ever think before you speak? **3** Do you ever think about getting married? **4** Do you ever play golf? **5** Do you ever shop at Starfield? **6** Do you ever have nightmares?

132

문장 완성하기

오늘의 패턴과 괄호 속의 어휘를 이용해서 다음 문장을 완성해 보세요.

1 너 스노보드 타러 갈 때 있어? (go)

_____

2 너 말하기 전에 생각할 때 있어? (you speak)

_____

3 너 결혼하는 거에 대해 생각할 때 있어? (getting married)

_____

STEP 3 영작하기

오늘의 패턴을 활용해서 다음 문장을 영작해 보세요.

4 너 골프 칠 때 있어?

_____

5 너 스타필드에서 쇼핑할 때 있어?

_____

6 너 악몽을 꿀 때 있어?

_____

DAY 058

YouTube

How often do you ~?
얼마나 자주 ~해?

상대방이 얼마나 자주 야근을 하는지, 얼마나 자주 술을 마시는지, 얼마나 자주 클럽에 가는지가 궁금하다면 꼭 알아 둬야 할 패턴이에요. '얼마나 자주'란 뜻의 How often을 써서 상대방이 얼마나 자주 무엇을 하는지 물어볼 수 있습니다. 단순히 빈도를 묻는 질문이지만 상대방이 어떤 사람인지 알아낼 수도 있죠. **How often do you study English?**(여러분은 얼마나 자주 영어 공부를 하나요?)

STEP 1 패턴 활용

원어민이 즐겨 쓰는 아래 문장들을 여러 번 말해 보세요.

🗣 ## How often do you **come here?**
얼마나 자주 여기 와?

🗣 ## How often do you **play soccer?**
얼마나 자주 축구 해?

🗣 ## How often do you **do yoga?**
얼마나 자주 요가 해?

정답 STEP 2-3 문제를 다 풀고 확인하세요.

1 How often do you get a haircut? **2** How often do you stay late at work? **3** How often do you work out? **4** How often do you drink? **5** How often do you see him? **6** How often do you watch movies?

134

STEP 2   문장 완성하기

오늘의 패턴과 괄호 속의 어휘를 이용해서 다음 문장을 완성해 보세요.

1 얼마나 자주 머리 잘라? (get a)

_____

2 얼마나 자주 야근해? (stay late)

_____

3 얼마나 자주 운동해? (work)

_____

STEP 3   영작하기

오늘의 패턴을 활용해서 다음 문장을 영작해 보세요.

4 얼마나 자주 술 마셔?

_____

5 얼마나 자주 그를 봐?

_____

6 얼마나 자주 영화 봐?

_____

DAY 059

When was the last time ~?

마지막으로 ~한 게 언제야?

연애는 관심도 없고 일에만 빠져 있는 사람에게 마지막으로 연애한 게 언제인지 물어보거나, 부모님과 사이가 좋지 않은 친구에게 마지막으로 부모님과 얘기한 게 언제인지 물어볼 때 등 마지막으로 무엇을 한 게 언제인지 물어볼 때 쓰는 패턴이에요. the last time 뒤에는 「주어 + 동사 과거형」이 옵니다.

STEP 1 패턴 활용

원어민이 즐겨 쓰는 아래 문장들을 여러 번 말해 보세요.

> ## When was the last time **you saw a doctor?**
> 마지막으로 진찰을 받은 게 언제야?

> ## When was the last time **you had a girlfriend?**
> 마지막으로 여자 친구가 있었던 게 언제야?

> ## When was the last time **you kissed a man?**
> 마지막으로 남자와 키스한 게 언제야?

정답 STEP 2-3 문제를 다 풀고 확인하세요.

1 When was the last time you heard from him? **2** When was the last time you spoke to your dad? **3** When was the last time you visited your mother? **4** When was the last time you saw her? **5** When was the last time we came here? **6** When was the last time you cleaned this place?

STEP 2　문장 완성하기

오늘의 패턴과 괄호 속의 어휘를 이용해서 다음 문장을 완성해 보세요.

1 마지막으로 그에게서 연락 온 게 언제야? (you heard)

_____

2 마지막으로 아버지와 얘기한 게 언제야? (you spoke)

_____

3 마지막으로 어머니를 찾아뵌 게 언제야? (you visited)

_____

STEP 3　영작하기

오늘의 패턴을 활용해서 다음 문장을 영작해 보세요.

4 마지막으로 그녀를 본 게 언제야?

_____

5 마지막으로 우리가 여기 온 게 언제야?

_____

6 마지막으로 이 집을 청소한 게 언제야?

_____

How come ~?
어떻게 ~할 수 있어?, 어떻게 ~일 수 있어?

How come?은 "어째서?", "어떻게 그럴 수가 있어?"란 의미로 일상회화에서 정말로 많이 쓰는 표현인데요. "그렇게 많이 먹는데 어떻게 날씬할 수가 있어?", "맨날 노는데 어떻게 1등 할 수가 있어?"처럼 어떤 일에 대해 왜 그렇게 되었는지 이해할 수 없거나 놀랐을 때 「How come 주어+동사?」 패턴을 써서 말할 수 있습니다. '어떻게 ~할 수 있어?'라는 의미입니다.

STEP 1 패턴 활용

원어민이 즐겨 쓰는 아래 문장들을 여러 번 말해 보세요.

🔊 **How come you never told me about that?**
어떻게 너 나한테 그 얘길 안 할 수 있어?

⋯⋯⋯⋯⋯⋯⋯⋯⋯⋯⋯⋯⋯⋯⋯⋯⋯⋯⋯⋯⋯⋯⋯⋯⋯⋯⋯⋯

🔊 **How come you didn't tell anybody about this?**
어떻게 너 이 얘길 아무한테도 안 할 수 있어?

⋯⋯⋯⋯⋯⋯⋯⋯⋯⋯⋯⋯⋯⋯⋯⋯⋯⋯⋯⋯⋯⋯⋯⋯⋯⋯⋯⋯

🔊 **How come you didn't call me back?**
어떻게 너 나한테 다시 전화 안 할 수 있어?

정답 STEP 2-3 문제를 다 풀고 확인하세요.

1 How come he's still single? **2** How come you never asked me out? **3** How come she didn't notice? **4** How come it's my fault? **5** How come you speak Japanese well? **6** How come you didn't text me back?

STEP 2 문장 완성하기

오늘의 패턴과 괄호 속의 어휘를 이용해서 다음 문장을 완성해 보세요.

1 어떻게 그가 아직도 싱글일 수 있어? (he's)

_____

2 어떻게 너 나한테 데이트 신청을 안 할 수 있어? (you never asked)

_____

3 어떻게 그녀가 알아채지 못할 수 있어? (she didn't)

_____

STEP 3 영작하기

오늘의 패턴을 활용해서 다음 문장을 영작해 보세요.

4 어떻게 그게 내 잘못일 수 있어?

_____

5 어떻게 너 일본어를 잘할 수 있어?

_____

6 어떻게 내 문자에 답장을 안 할 수 있어?

_____

Part7

영어로
말할 수
있나요?

① 그냥 그녀에게 말하는 게 어때?

_____ just tell her?

② 너 뭐 좀 먹는 게 좋을 것 같아.

_____ eat something.

③ 우리 택시를 잡아야 할 것 같아.

_____ get a cab.

④ 성급하게 단정짓지 말자.

_____ jump to conclusions.

⑤ 그거 명심하는 게 좋을 거야.

_____ keep that in mind.

⑥ 너 집중해야 해.

_____ focus.

⑦ 이거 하지 않아도 돼.

_____ do this.

⑧ 내가 너라면 그와 헤어질 거야.

_____ break up with him.

⑨ 나 그 얘기는 하지 않는 게 좋겠어.

_____ not talk about it.

⑩ 너 그거 하기로 약속했잖아.

_____ do it.

Why don't you ~?
~하는 게 어때?, ~하지 그래?

직역하면 '너 왜 ~ 안 해?'이지만 보통은 상대방에게 뭔가를 권유하거나 제안할 때 '~하는 게 어때?'란 의미로 사용합니다. 지시하는 듯한 명령문 말투는 기분 나쁘게 들릴 수 있으니 상대방에게 자기 생각을 말하며 권할 때는 이 패턴을 사용해 보세요. 그런데 문맥에 따라 '너 왜 ~ 안 해?'란 의미로 사용될 때도 있습니다.

STEP 1 패턴 활용

원어민이 즐겨 쓰는 아래 문장들을 여러 번 말해 보세요.

Why don't you just tell her?
그냥 그녀에게 말하는 게 어때?

Why don't you give it a try?
한번 시도해 보는 게 어때?

Why don't you sit back and relax?
편하게 앉아서 좀 쉬는 게 어때?

정답 STEP 2-3 문제를 다 풀고 확인하세요.

1 Why don't you get some sleep? **2** Why don't you wait in the car? **3** Why don't you join us in the living room? **4** Why don't you come with us? **5** Why don't you sit down? **6** Why don't you just call him?

오늘의 패턴과 괄호 속의 어휘를 이용해서 다음 문장을 완성해 보세요.

1 좀 자는 게 어때? (get some)

_____

2 차에서 기다리는 게 어때? (in the car)

_____

3 거실에서 우리랑 함께하는 게 어때? (in the living room)

_____

오늘의 패턴을 활용해서 다음 문장을 영작해 보세요.

4 우리랑 같이 가는 게 어때?

_____

5 앉는 게 어때?

_____

6 그냥 그에게 전화하는 게 어때?

_____

DAY 062

I think you should ~
너 ~하는 게 좋을 것 같아

should는 '~하는 게 좋다'란 의미로 조언이나 가벼운 충고를 할 때 쓰는 조동사예요. 그냥 You should ~라고 해도 되지만 '내 생각에는'이란 의미의 I think가 앞에 붙으면 좀 더 조심스럽고 부드럽게 자신의 의견을 말하는 문장이 됩니다. I think you should study examples very hard!(여러분은 예문을 아주 열심히 공부하는 게 좋을 것 같아요!)

STEP 1 ｜ 패턴 활용

원어민이 즐겨 쓰는 아래 문장들을 여러 번 말해 보세요.

🗣 **I think you should eat something.**
너 뭐 좀 먹는 게 좋을 것 같아.

🗣 **I think you should take this opportunity.**
너 이 기회를 잡는 게 좋을 것 같아.

🗣 **I think you should smile more often.**
너 좀 더 자주 웃는 게 좋을 것 같아.

정답 STEP 2-3 문제를 다 풀고 확인하세요.
1 I think you should see a doctor. **2** I think you should get a divorce. **3** I think you should get dressed. **4** I think you should do it. **5** I think you should go and talk to him. **6** I think you should come with us.

144

오늘의 패턴과 괄호 속의 어휘를 이용해서 다음 문장을 완성해 보세요.

1 너 진찰 받아 보는 게 좋을 것 같아. (see a)

_____

2 너 이혼하는 게 좋을 것 같아. (get a)

_____

3 너 옷 입는 게 좋을 것 같아. (dressed)

_____

오늘의 패턴을 활용해서 다음 문장을 영작해 보세요.

4 너 그거 하는 게 좋을 것 같아.

_____

5 너 가서 그에게 말하는 게 좋을 것 같아.

_____

6 너 우리랑 같이 가는 게 좋을 것 같아.

_____

DAY 063

Maybe we should ~
우리 ~해야 할 것 같아

여기서 maybe는 '어쩌면', '아마도'란 의미를 가지고 있는데요. 최상의 방법이라는 확신은 없지만 무엇을 하는 게 좋을 것 같다고 자기 생각을 제안할 때 쓰는 패턴이에요. 역시 maybe 없이 그냥 We should ~라고 해도 되지만, 앞에 maybe가 붙음으로써 좀 더 조심스럽게 말하는 문장을 만들어 줍니다.

STEP 1 　패턴 활용

원어민이 즐겨 쓰는 아래 문장들을 여러 번 말해 보세요.

🗣️ **Maybe we should get a cab.**
우리 택시를 잡아야 할 것 같아.

🗣️ **Maybe we should try something else.**
우리 다른 걸 시도해 봐야 할 것 같아.

🗣️ **Maybe we should put this on hold.**
우리 이거 미뤄야 할 것 같아.

 정답 STEP 2–3 문제를 다 풀고 확인하세요.

1 Maybe we should get a room. **2** Maybe we should do this another time. **3** Maybe we should exchange numbers. **4** Maybe we should just stay here. **5** Maybe we should take a break. **6** Maybe we should call the police.

오늘의 패턴과 괄호 속의 어휘를 이용해서 다음 문장을 완성해 보세요.

1 우리 방을 잡아야 할 것 같아. (get)

_____

2 우리 이거 다음에 해야 할 것 같아. (another time)

_____

3 우리 연락처를 교환해야 할 것 같아. (numbers)

_____

오늘의 패턴을 활용해서 다음 문장을 영작해 보세요.

4 우리 그냥 여기 있어야 할 것 같아.

_____

5 우리 잠시 쉬어야 할 것 같아.

_____

6 우리 경찰을 불러야 할 것 같아.

_____

DAY
064

Let's not ~
~하지 말자

'~하자'라고 할 때 쓰는 **Let's**는 다들 알고 있지만, **Let's**의 부정형을 쓰는 사람은 별로 없는 것 같아요. '~하지 말자'라고 할 때는 그냥 **Let's not** ~이라고 합니다. **Let's not do this!**(우리 이러지 말자!) "우리 남 험담하지 말자.", "우리 게으름 피우지 말자.", "우리 서로 미워하지 말자.", "우리 싸우지 말자." 등 '우리 (무엇을) 하지 말자' 또는 '우리 (어떻게) 행동하지 말자'라고 할 때는 **Let's not** ~을 써서 말해 보세요.

STEP 1 패턴 활용

원어민이 즐겨 쓰는 아래 문장들을 여러 번 따라 말해 보세요.

Let's not **get carried away.**
흥분하지 말자.

....

Let's not **get ahead of ourselves.**
너무 앞서가지 말자.

....

Let's not **jump to conclusions.**
성급하게 단정짓지 말자.

 STEP 2-3 문제를 다 풀고 확인하세요.

1 Let's not talk about it. **2** Let's not be hasty. **3** Let's not forget why we're here. **4** Let's not argue. **5** Let's not overreact. **6** Let's not waste time.

STEP 2 문장 완성하기

오늘의 패턴과 괄호 속의 어휘를 이용해서 다음 문장을 완성해 보세요.

1 그것에 관해선 얘기하지 말자. (talk)

_____

2 서두르지 말자. (hasty)

_____

3 왜 우리가 여기 있는지 잊지 말자. (forget why)

_____

STEP 3 영작하기

오늘의 패턴을 활용해서 다음 문장을 영작해 보세요.

4 다투지 말자.

_____

5 오버하지 말자.

_____

6 시간 낭비하지 말자.

_____

DAY
065

You better ~
~하는 게 좋을 거야

You better ~는 '~하는 게 좋을 거야'라고 단순히 상대방에게 조언할 때도 쓰고, '후회하기 싫으면 ~하는 게 좋을 거야'라고 경고할 때도 사용합니다. You better는 You should보다 훨씬 더 강한 어조로 확신에 느낌을 풍깁니다. 영화에서 You better watch out!(너 조심하는 게 좋을 거야)라고 경고할 때 자주 등장하죠. 원래는 You'd better이지만 구어체에서는 그냥 You better라고 할 때가 많아요.

STEP 1 패턴 활용

원어민이 즐겨 쓰는 아래 문장들을 여러 번 말해 보세요.

> ## You better keep that in mind.
> 그거 명심하는 게 좋을 거야.

> ## You better get used to it.
> 그거 익숙해지는 게 좋을 거야.

> ## You better get your shit together.
> 정신 차리는 게 좋을 거야.

정답 STEP 2-3 문제를 다 풀고 확인하세요.

1 You better get started. **2** You better watch out. **3** You better be prepared. **4** You better hurry up. **5** You better slow down. **6** You better believe it.

150

오늘의 패턴과 괄호 속의 어휘를 이용해서 다음 문장을 완성해 보세요.

1 시작하는 게 좋을 거야. (get)

_____

2 조심하는 게 좋을 거야. (watch)

_____

3 준비해 두는 게 좋을 거야. (be)

_____

오늘의 패턴을 활용해서 다음 문장을 영작해 보세요.

4 서두르는 게 좋을 거야.

_____

5 속도를 늦추는 게 좋을 거야.

_____

6 그거 믿는 게 좋을 거야.

_____

151

DAY
066

YouTube

You need to ~
너 ~해야 해

'너는 (무엇을) 할 필요가 있다', '너는 (무엇을) 해야만 한다'란 의미로 상대방에게 강하게 조언하는 패턴이에요. **need**는 목적어로 to 부정사만 취한다는 사실 기억해 두세요! "너 공부해야 해.", "너 살 좀 쪄야 해."처럼 주위에 뭔가를 절실히 해야 할 필요가 있는 사람들에게 이 패턴을 써서 말해 보세요.

STEP 1 패턴 활용

원어민이 즐겨 쓰는 아래 문장들을 여러 번 말해 보세요.

You need to **focus.**
너 집중해야 해.

You need to **grow up.**
너 철 좀 들어야 해.

You need to **get a grip.**
너 정신 차려야 해.

정답 STEP 2-3 문제를 다 풀고 확인하세요.

1 You need to calm down. **2** You need to get some rest. **3** You need to go on a diet. **4** You need to shave. **5** You need to relax. **6** You need to eat something.

STEP 2 　문장 완성하기

오늘의 패턴과 괄호 속의 어휘를 이용해서 다음 문장을 완성해 보세요.

1　너 진정해야 해. (calm)

_____

2　너 좀 쉬어야 해. (get some)

_____

3　너 다이어트 해야 해. (on a diet)

_____

STEP 3 　영작하기

오늘의 패턴을 활용해서 다음 문장을 영작해 보세요.

4　너 면도해야 해.

_____

5　너 긴장 풀어야 해.

_____

6　너 뭐 좀 먹어야 해.

_____

You don't have to ~
~하지 않아도 돼

don't have to는 '해야 한다'란 뜻 have to의 부정이니까 '하지 않아도 된다'란 말인데요. 상대방이 굳이 하지 않아도 되는 일을 하려고 해서 말릴 때도 쓰고, 부끄러워하거나, 미안해하거나, 무서워하거나 또는 긴장하는 상대방을 그러지 않아도 된다고 안심시킬 때도 쓰는 패턴이에요.

STEP 1 　패턴 활용

원어민이 즐겨 쓰는 아래 문장들을 여러 번 말해 보세요.

You don't have to **do this.**
이거 하지 않아도 돼.

You don't have to **say that.**
그런 말 하지 않아도 돼.

You don't have to **eat it all.**
다 먹지 않아도 돼.

정답 STEP 2-3 문제를 다 풀고 확인하세요.

1 You don't have to be embarrassed. **2** You don't have to worry about that. **3** You don't have to give me that much. **4** You don't have to wait. **5** You don't have to be sorry. **6** You don't have to be scared.

STEP 2 　문장 완성하기

오늘의 패턴과 괄호 속의 어휘를 이용해서 다음 문장을 완성해 보세요.

1 창피해하지 않아도 돼. (embarrassed)

_____

2 그건 걱정 안 해도 돼. (about that)

_____

3 나한테 그렇게 많이 주지 않아도 돼. (that much)

_____

STEP 3 　영작하기

오늘의 패턴을 활용해서 다음 문장을 영작해 보세요.

4 기다리지 않아도 돼.

_____

5 미안해하지 않아도 돼.

_____

6 무서워하지 않아도 돼.

_____

If I were you, I'd ~

내가 너라면 ~할 거야

'내가 너라면'이라는 의미의 가정법을 써서 상대방에게 조언하는 패턴이에요. '내가 너라면 ~할 거야'라고 할 때는 If I were you, I'd ~라고 하고, '내가 너라면 ~하지 않을 거야'라고 할 때는 If I were you, I wouldn't ~이라고 합니다. 상대방에게 경고할 때 I wouldn't do that if I were you.(내가 너라면 그러지 않을 거야.)란 말도 많이 쓰는데요. 이렇게 앞뒤 순서를 바꿔서 사용해도 됩니다.

STEP 1 패턴 활용

원어민이 즐겨 쓰는 아래 문장들을 여러 번 말해 보세요.

If I were you, I'd get another job.
내가 너라면 다른 일자리를 구할 거야.

If I were you, I'd break up with him.
내가 너라면 그와 헤어질 거야.

If I were you, I wouldn't worry about that.
내가 너라면 그건 걱정하지 않을 거야.

정답 STEP 2–3 문제를 다 풀고 확인하세요.

1 If I were you, I'd marry young. **2** If I were you, I'd take the money. **3** If I were you, I wouldn't waste my time. **4** If I were you, I wouldn't tell her. **5** If I were you, I'd be excited. **6** If I were you, I wouldn't trust him.

오늘의 패턴과 괄호 속의 어휘를 이용해서 다음 문장을 완성해 보세요.

1 내가 너라면 어릴 때 결혼할 거야. (young)

_____

2 내가 너라면 그 돈 받을 거야. (take)

_____

3 내가 너라면 내 시간을 낭비하지 않을 거야. (waste)

_____

오늘의 패턴을 활용해서 다음 문장을 영작해 보세요.

4 내가 너라면 그녀에게 말하지 않을 거야.

_____

5 내가 너라면 신날 거야.

_____

6 내가 너라면 그를 믿지 않을 거야.

_____

DAY
069

[YouTube]

I'd rather ~
나 ~하는 게 좋겠어, 차라리 ~하는 게 낫겠어

rather는 '오히려', '차라리'란 의미를 가지고 있어서 I'd rather ~이라고 하면 '나 ~하는 게 좋겠어', '차라리 ~하는 게 낫겠어'란 의미가 됩니다. 부정문은 not만 붙여서 I'd rather not ~이라고 하면 돼요. 말하고 싶지 않은 일에 관해 상대방이 물어보거나, 죽기보다 하기 싫은 일을 상대방이 시킬 때 등 여러 상황에서 유용하게 쓸 수 있어요.

 STEP 1 패턴 활용

원어민이 즐겨 쓰는 아래 문장들을 여러 번 말해 보세요.

I'd rather **you didn't.**
나 네가 그러지 않았으면 좋겠어.

I'd rather **not talk about it.**
나 그 얘기는 하지 않는 게 좋겠어.

I'd rather **die.**
(그러느니) 차라리 죽는 게 낫겠어.

정답 STEP 2-3 문제를 다 풀고 확인하세요.

1 I'd rather go with you. **2** I'd rather not get involved. **3** I'd rather not take sides. **4** I'd rather not say. **5** I'd rather be alone. **6** I'd rather stay here.

오늘의 패턴과 괄호 속의 어휘를 이용해서 다음 문장을 완성해 보세요.

1 나 너랑 같이 가는 게 좋겠어. (go)

_____

2 나 관여하지 않는 게 좋겠어. (not get)

_____

3 나 어느 쪽 편도 들지 않는 게 좋겠어. (not take)

_____

오늘의 패턴을 활용해서 다음 문장을 영작해 보세요.

4 나 말하지 않는 게 좋겠어.

_____

5 나 혼자 있는 게 좋겠어.

_____

6 나 여기 있는 게 좋겠어.

_____

You promised to ~
너 ~하기로 약속했잖아

상대방이 약속을 지키지 않을 때 '너 ~하기로 약속했잖아'라고 약속을 상기시키며 따지는 패턴이에요. promise는 목적어로 to 부정사만 취합니다. 좀 더 간단하게 그냥 You promised.라고만 해도 "너 약속했잖아."라며 서운함을 표현하는 말이 됩니다.

STEP 1 패턴 활용

원어민이 즐겨 쓰는 아래 문장들을 여러 번 말해 보세요.

You promised to **do it.**
너 그거 하기로 약속했잖아.

You promised to **behave.**
너 점잖게 행동하기로 약속했잖아.

You promised to **help me.**
너 나 도와주기로 약속했잖아.

정답 STEP 2–3 문제를 다 풀고 확인하세요.

1 You promised to take me with you. **2** You promised to take the kids to the zoo. **3** You promised to let me kiss you. **4** You promised to show me. **5** You promised to marry me. **6** You promised to erase it.

오늘의 패턴과 괄호 속의 어휘를 이용해서 다음 문장을 완성해 보세요.

1 너 나를 데려가기로 약속했잖아. (with you)

_____

2 너 동물원에 애들 데려가기로 약속했잖아. (take the kids)

_____

3 너 너한테 키스하게 해 준다고 약속했잖아. (let me)

_____

오늘의 패턴을 활용해서 다음 문장을 영작해 보세요.

4 너 나한테 보여 주기로 약속했잖아.

_____

5 너 나랑 결혼하기로 약속했잖아.

_____

6 너 그거 지우기로 약속했잖아.

_____

Part8
영어로
말할 수
있나요?

① 너 달라 보여.

_____ different.

② 너 천사 같다.

_____ an angel.

③ 너 우리 엄마처럼 말한다.

_____ my mom.

④ 너 설마 까먹었다는 건 아니겠지?

_____ forgot.

⑤ 그 말 좀 그만하라고 했잖아.

_____ stop saying that.

⑥ 그거 하지 말라고 했잖아.

_____ do it.

⑦ 내가 왜 그러겠어?

_____ do that?

⑧ 만약 비 오면 어떡해?

_____ it rains?

⑨ 손 씻는 거 잊지 마.

_____ wash your hands.

⑩ 나 기다리게 하지 마.

_____ wait.

DAY
071

You look ~
너 ~해 보여

여기서 look은 '~해 보이다'란 뜻으로 You look 뒤에 형용사가 오면 '너 ~해 보여'란 말이 됩니다. 상대방이 멋져 보이거나, 힘들어 보이거나, 아파 보일 때 등 다양하게 쓸 수 있어요. 외국인들은 칭찬에 후해서 이 패턴을 많이 즐겨 쓰는데요. 대표적으로 You look beautiful!이 있어요.

STEP 1 ▶ 패턴 활용

원어민이 즐겨 쓰는 아래 문장들을 여러 번 말해 보세요.

You look **great.**
너 좋아 보여.

You look **terrible.**
너 초췌해 보여.

You look **different.**
너 달라 보여.

 정답 STEP 2–3 문제를 다 풀고 확인하세요.

1 You look gorgeous. **2** You look funny. **3** You look nervous. **4** You look tired. **5** You look worried. **6** You look perfect.

x

DAY 072

You look like ~
너 ~ 같다, 너 ~처럼 보여

앞에서 배운 **You look**은 뒤에 형용사가 오기 때문에 '~하게 보인다'란 의미 였는데요. **You look like** 뒤에는 명사 또는 명사절이 오고 **like**는 '~처럼', '~ 같다'란 뜻이어서 '너 ~ 같다', '너 ~처럼 보여'란 말이 됩니다. 평소 수수한 사람이 아주 예쁜 모습을 하고 나타났거나, 친구가 갑자기 형편없는 몰골을 하고 있을 때 등 여러 상황에서 사용해 보세요.

STEP 1 패턴 활용

원어민이 즐겨 쓰는 아래 문장들을 여러 번 말해 보세요.

You look like **an angel.**
너 천사 같다.

You look like **shit.**
너 거지 같다.

You look like **million bucks.**
너 완전 멋져 보여.

정답 STEP 2–3 문제를 다 풀고 확인하세요.

1 You look like a kindergarten teacher. **2** You look like someone else. **3** You look like you've seen a ghost. **4** You look like a model. **5** You look like a princess. **6** You look like a nerd.

STEP 2   문장 완성하기

오늘의 패턴과 괄호 속의 어휘를 이용해서 다음 문장을 완성해 보세요.

1 너 유치원 선생님 같다. (a kindergarten)

_____

2 너 다른 사람 같다. (someone)

_____

3 너 유령이라도 본 것 같다. (you've seen a)

_____

STEP 3   영작하기

오늘의 패턴을 활용해서 다음 문장을 영작해 보세요.

4 너 모델 같다.

_____

5 너 공주 같다.

_____

6 너 범생이 같다.

_____

DAY
073

You sound like ~
너 ~처럼 말한다, 너 ~처럼 들린다

여기서 **sound**는 '~하게 들리다'란 뜻의 동사인데요. 그래서 You sound like ~는 '너 ~처럼 들린다'란 뜻이고, 이걸 의역하면 '너 ~처럼 말한다'란 말이 됩니다. 상대방이 꼭 엄마처럼 잔소리를 하거나, 상대방이 들떠서 말하는 것이 기분 좋은 것처럼 들릴 때 등 상대방의 말이 어떻게 들린다고 할 때 쓰는 패턴이에요. **Do I sound like a teacher? Tell me I do!**(제가 선생님처럼 말하나요? 그렇다고 말해 주세요!)

STEP 1 패턴 활용

원어민이 즐겨 쓰는 아래 문장들을 여러 번 말해 보세요.

You sound like **my mom.**
너 우리 엄마처럼 말한다.

....

You sound like **an asshole.**
너 재수없게 말한다.

....

You sound like **you're having fun.**
너 즐거운 시간을 보내고 있는 것처럼 들린다.

정답 STEP 2–3 문제를 다 풀고 확인하세요.

1 You sound like a nagging wife. **2** You sound like you're in a good mood. **3** You sound like you're looking forward to it. **4** You sound like your dad. **5** You sound like a gay. **6** You sound like you're not coming with us.

168

168

STEP 2 문장 완성하기

오늘의 패턴과 괄호 속의 어휘를 이용해서 다음 문장을 완성해 보세요.

1 너 바가지 긁는 와이프처럼 말한다. (nagging)

_____

2 너 기분 좋은 것처럼 들린다. (you're in a good)

_____

3 너 그거 기대하는 것처럼 들린다. (you're looking)

_____

STEP 3 영작하기

오늘의 패턴을 활용해서 다음 문장을 영작해 보세요.

4 너 너희 아빠처럼 말한다.

_____

5 너 게이처럼 말한다.

_____

6 너 우리랑 같이 안 갈 것처럼 말한다.

_____

Don't tell me you ~
너 설마 ~라는 건 아니겠지?

직역하면 '~라고 말하지 마'인데요. 여기에는 '~라는 말은 듣고 싶지 않아', '제발 거짓말이라고 말해 줘'란 느낌이 담겨 있습니다. 상대방의 행동이나 반응이 믿기지 않고 내가 바라지 않는 상황일 때 '설마 ~라는 건 아니겠지?' 라는 뜻으로 사용합니다.

STEP 1 패턴 활용

원어민이 즐겨 쓰는 아래 문장들을 여러 번 말해 보세요.

🗣️ # Don't tell me you **forgot.**
너 설마 까먹었다는 건 아니겠지?

🗣️ # Don't tell me you **don't remember.**
너 설마 기억나지 않는다는 건 아니겠지?

🗣️ # Don't tell me you **don't know.**
너 설마 모른다는 건 아니겠지?

정답 STEP 2–3 문제를 다 풀고 확인하세요.

1 Don't tell me you quit your job again. **2** Don't tell me you ate them all. **3** Don't tell me you don't have a plan. **4** Don't tell me you're jealous. **5** Don't tell me you're not coming. **6** Don't tell me you don't have any money.

오늘의 패턴과 괄호 속의 어휘를 이용해서 다음 문장을 완성해 보세요.

1 너 설마 또 일 그만뒀다는 건 아니겠지? (quit your)

_____

2 너 설마 그거 다 먹었다는 건 아니겠지? (ate them)

_____

3 너 설마 계획이 없다는 건 아니겠지? (don't have)

_____

오늘의 패턴을 활용해서 다음 문장을 영작해 보세요.

4 너 설마 질투 난다는 건 아니겠지?

_____

5 너 설마 오지 않겠다는 건 아니겠지?

_____

6 너 설마 돈이 하나도 없다는 건 아니겠지?

_____

DAY
075

I told you to ~
~하라고 했잖아

"기다리라고 했잖아.", "문 잠그라고 했잖아."처럼 상대방에게 무엇을 하라고 했는데 내 말을 듣지 않아서 나무랄 때 쓰는 패턴입니다. '으이구, 내가 ~하라고 말했잖아', '너 왜 내 말 듣지 않았니?'란 뉘앙스를 내포하고 있어요. 상황에 따라 화를 내며 말할 수도 있습니다.

STEP 1 패턴 활용

원어민이 즐겨 쓰는 아래 문장들을 여러 번 말해 보세요.

I told you to **stay put.**
그 자리에 있으라고 했잖아.

I told you to **stop saying that.**
그 말 좀 그만하라고 했잖아.

I told you to **get out.**
나가라고 했잖아.

정답 STEP 2-3 문제를 다 풀고 확인하세요.

1 I told you to come straight home. **2** I told you to come see me first. **3** I told you to stay away from him. **4** I told you to wait outside. **5** I told you to stay in the car. **6** I told you to watch her.

오늘의 패턴과 괄호 속의 어휘를 이용해서 다음 문장을 완성해 보세요.

1 집으로 바로 오라고 했잖아. (come straight)

---

2 먼저 날 보러 오라고 했잖아. (see me first)

---

3 그에게서 떨어져 있으라고 했잖아. (stay away)

오늘의 패턴을 활용해서 다음 문장을 영작해 보세요.

4 밖에서 기다리라고 했잖아.

---

5 차에 있으라고 했잖아.

---

6 그녀를 보고 있으라고 했잖아.

DAY
076

I told you not to ~
~하지 말라고 했잖아

상대방에게 무엇을 하지 말라고 했는데 내 말을 듣지 않아서 나무라는 패턴입니다. 아무한테도 말하지 말라고 했는데 동네방네 소문을 냈다든지, 손대지 말라고 했는데 함부로 만지다가 물건을 부쉈을 때 등 상대방이 내 말을 듣지 않고 문제를 일으켰을 때 쓸 수 있어요. 그런 상황에 쓰이는 만큼 주로 언짢은 톤으로 말하게 됩니다.

STEP 1 패턴 활용

원어민이 즐겨 쓰는 아래 문장들을 여러 번 말해 보세요.

I told you not to **do it.**
그거 하지 말라고 했잖아.

I told you not to **come.**
오지 말라고 했잖아.

I told you not to **call me here.**
나한테 이쪽으로 전화하지 말라고 했잖아.

정답 STEP 2-3 문제를 다 풀고 확인하세요.

1 I told you not to bother me at the office. **2** I told you not to tell anyone. **3** I told you not to break the rules. **4** I told you not to look. **5** I told you not to go there. **6** I told you not to touch anything.

174

오늘의 패턴과 괄호 속의 어휘를 이용해서 다음 문장을 완성해 보세요.

1 사무실에서 나 방해하지 말라고 했잖아. (bother me)

_____

2 아무한테도 말하지 말라고 했잖아. (tell)

_____

3 규칙을 어기지 말라고 했잖아. (the rules)

_____

오늘의 패턴을 활용해서 다음 문장을 영작해 보세요.

4 보지 말라고 했잖아.

_____

5 거기 가지 말라고 했잖아.

_____

6 아무것도 만지지 말라고 했잖아.

_____

DAY
077

Why would I ~?
내가 왜 ~하겠어?

would는 '하겠다'라는 의지를 담고 있는 조동사인데요. Why would I? 라고 하면 이 자체로도 "내가 왜 그런 행동을 하겠어?", "세상에 내가 왜 그러겠어?"란 의미가 되고, 일상에서 자주 쓰이는 표현이에요. 그래서 Why would I ~? 뒤에 좀 더 자세한 내용이 오면 '내가 왜 ~하겠어?'란 말이 됩니다.

STEP 1 패턴 활용

원어민이 즐겨 쓰는 아래 문장들을 여러 번 말해 보세요.

Why would I do that?
내가 왜 그러겠어?

Why would I say that?
내가 왜 그런 말을 하겠어?

Why would I lie to you?
내가 왜 너한테 거짓말하겠어?

정답 STEP 2–3 문제를 다 풀고 확인하세요.

1 Why would I hate you? **2** Why would I want that? **3** Why would I care about that?
4 Why would I worry? **5** Why would I be jealous? **6** Why would I help you?

오늘의 패턴과 괄호 속의 어휘를 이용해서 다음 문장을 완성해 보세요.

1 내가 왜 너를 미워하겠어? (you)

_____

2 내가 왜 그걸 원하겠어? (that)

_____

3 내가 왜 그걸 신경 쓰겠어? (about that)

_____

오늘의 패턴을 활용해서 다음 문장을 영작해 보세요.

4 내가 왜 걱정하겠어?

_____

5 내가 왜 질투하겠어?

_____

6 내가 왜 널 도와주겠어?

_____

DAY
078

What if ~?

만약에 ~라면 어떡해?

What if ~?는 What would happen if ~?(만약 ~라면 어떻게 되지?)
의 줄임말이에요. "비 오면 어떡해?", "안 되면 어떡해?"처럼 만약의 경우
어떻게 할지 우려할 때 쓰기도 하고, What if we help each other?(우리
서로를 도와주면 어때?)처럼 무엇을 제안할 때 쓰기도 합니다. What if?만으
로도 "만약 그러면?"이란 뜻으로 독립적으로 쓸 수 있어요.

원어민이 즐겨 쓰는 아래 문장들을 여러 번 말해 보세요.

What if **it rains?**
만약 비 오면 어떡해?

What if **I'm wrong?**
만약 내가 틀리면 어떡해?

What if **he's right?**
만약 그가 맞으면 어떡해?

정답 STEP 2-3 문제를 다 풀고 확인하세요.

1 What if you get caught? **2** What if he doesn't like me? **3** What if she doesn't show up?
4 What if you lose? **5** What if it's true? **6** What if someone sees us?

오늘의 패턴과 괄호 속의 어휘를 이용해서 다음 문장을 완성해 보세요.

1 만약 네가 걸리면 어떡해? (caught)

_____

2 만약 그가 날 좋아하지 않으면 어떡해? (he doesn't)

_____

3 만약 그녀가 나타나지 않으면 어떡해? (show up)

_____

오늘의 패턴을 활용해서 다음 문장을 영작해 보세요.

4 만약 네가 지면 어떡해?

_____

5 만약 그게 사실이면 어떡해?

_____

6 만약 누군가 우리를 보면 어떡해?

_____

DAY
079

Don't forget to ~
~하는 거 잊지 마

상대방이 중요한 할 일을 잊지 않도록 상기시킬 때 쓰는 패턴이에요. 이 패턴 뒤에는 to 부정사만 올 수 있고 동명사는 올 수 없어요. forget 뒤에 동명사가 오면 이미 한 행동을 잊어버렸다는 말이 되기 때문에 앞으로 할 일을 잊지 말고 하라고 할 때는 to 부정사를 써야 됩니다. 덜렁거리며 자주 깜빡하는 사람이 주위에 있다면 이 패턴을 써서 말해 주세요. **Don't forget to review, guys!**(여러분, 복습하는 거 잊지 마세요!)

STEP 1 　패턴 활용

원어민이 즐겨 쓰는 아래 문장들을 여러 번 말해 보세요.

Don't forget to **pick up milk.**
우유 사 오는 거 잊지 마.

Don't forget to **wash your hands.**
손 씻는 거 잊지 마.

Don't forget to **take your medicine.**
약 먹는 거 잊지 마.

정답 　STEP 2-3 문제를 다 풀고 확인하세요.

1 Don't forget to drink plenty of water. **2** Don't forget to feed the dog. **3** Don't forget to do your homework. **4** Don't forget to vote tomorrow. **5** Don't forget to bring your girlfriend. **6** Don't forget to smile.

오늘의 패턴과 괄호 속의 어휘를 이용해서 다음 문장을 완성해 보세요.

1 물 많이 마시는 거 잊지 마. (plenty of water)

_____

2 강아지 밥 주는 거 잊지 마. (feed)

_____

3 숙제 하는 거 잊지 마. (do your)

_____

오늘의 패턴을 활용해서 다음 문장을 영작해 보세요.

4 내일 투표하는 거 잊지 마.

_____

5 네 여자 친구 데려오는 거 잊지 마.

_____

6 미소 짓는 거 잊지 마.

_____

DAY
080

Don't make me ~
나 ~하게 하지 마

우리말로 "나 화나게 하지 마.", "나 기다리게 하지 마." 이런 말 자주 하잖아요. 이렇게 '나 ~하게 하지 마' 할 때 쓰는 패턴이 바로 **Don't make me ~**입니다. make는 '만들다'란 뜻이니까 직역하면 '나 ~하게 만들지 마'란 뜻이 됩니다. 상황에 따라 '나 ~하라고 강요하지 마'란 의미로 쓸 때도 있어요.

STEP 1 패턴 활용

원어민이 즐겨 쓰는 아래 문장들을 여러 번 말해 보세요.

Don't make me **wait.**
나 기다리게 하지 마.

Don't make me **laugh.**
나 웃게 하지 마.(웃기지 마.)

Don't make me **choose.**
내게 선택하게 하지 마.

정답 STEP 2–3 문제를 다 풀고 확인하세요.

1 Don't make me do this. **2** Don't make me regret it. **3** Don't make me ask twice.
4 Don't make me worry. **5** Don't make me cry. **6** Don't make me beg.

오늘의 패턴과 괄호 속의 어휘를 이용해서 다음 문장을 완성해 보세요.

1 나 이거 하게 하지 마. (do)

_____

2 나 그거 후회하게 하지 마. (it)

_____

3 나 두 번 묻게 하지 마. (twice)

_____

오늘의 패턴을 활용해서 다음 문장을 영작해 보세요.

4 나 걱정하게 하지 마.

_____

5 나 울게 하지 마.

_____

6 나 애원하게 하지 마.

_____

Part 9

영어로
말할 수
있나요?

① 네 신발 마음에 든다.

_____ shoes.

② 와 줘서 고마워.

_____ coming.

③ 그러려고 한 건 아니야.

_____ do that.

④ 네 마음에 들어서 기뻐.

_____ you like it.

⑤ 아쉽지만 가 봐야 할 것 같아.

_____ I have to go.

⑥ 그가 그런 말을 했다니 믿기지 않아.

_____ he said that.

⑦ 너 왜 그렇게 못되게 구는 거야?

_____ mean?

⑧ 미안해하지 마.

_____ sorry.

⑨ 네가 그럴 때 너무 좋아.

_____ you do that.

⑩ 네가 그럴 때 너무 싫어.

_____ you do that.

DAY
081

I like your ~
네 ~ 마음에 든다

원어민들은 상대방을 많이 칭찬하고 그렇게 호감을 사며 점점 친해지곤 하는데요. 우리는 보통 "가방 예쁘다!", "코트 멋지다!" 이런 식으로 말하지만, 원어민들은 I like your outfit! 또는 I like your hair. 이렇게 상대의 무엇이 마음에 든다고 말해요. 친구나 최근에 알게 된 사람에게도 쓰고, 모르는 사람에게 말을 걸기 위해서 쓰기도 합니다. 이건 단순히 영어표현으로 기억하기보다 하나의 문화로 알아 두면 좋겠어요.

STEP 1 패턴 활용

원어민이 즐겨 쓰는 아래 문장들을 여러 번 말해 보세요.

I like your shoes.
네 신발 마음에 든다.

I like your hair.
네 머리 마음에 든다.

I like your bag.
네 가방 마음에 든다.

 정답 STEP 2–3 문제를 다 풀고 확인하세요.

1 I like your perfume. **2** I like your suit. **3** I like your hat. **4** I like your dress. **5** I like your style. **6** I like your skirt.

STEP 2 　문장 완성하기

오늘의 패턴과 괄호 속의 어휘를 이용해서 다음 문장을 완성해 보세요.

1 네 향수 마음에 든다. (p******)

_____

2 네 정장 마음에 든다. (s***)

_____

3 네 모자 마음에 든다. (h**)

_____

STEP 3 　영작하기

오늘의 패턴을 활용해서 다음 문장을 영작해 보세요.

4 네 드레스 마음에 든다.

_____

5 네 스타일 마음에 든다.

_____

6 네 치마 마음에 든다.

_____

Thanks for ~

~해 줘서 고마워

Thanks for 뒤에 동명사 또는 명사가 오면 '~해 줘서 고마워', '~을 줘서 고마워'란 뜻이 됩니다. Thank you for ~도 같은 의미지만 Thanks for ~를 캐주얼하게 좀 더 많이 사용해요. 앞으로는 Thank you.라고만 하지 말고 이 패턴을 써서 좀 더 구체적으로 고마움을 표시해 보세요. 참고로 「Thanks to 사람」은 '~ 덕분에'라는 뜻이니 헷갈리지 마세요.

STEP 1 패턴 활용

원어민이 즐겨 쓰는 아래 문장들을 여러 번 말해 보세요.

Thanks for **coming.**
와 줘서 고마워.

Thanks for **having me.**
불러 줘서 고마워.

Thanks for **everything.**
전부 다 고마워.

정답 STEP 2–3 문제를 다 풀고 확인하세요.

1 Thanks for your time. **2** Thanks for your concern. **3** Thanks for the ride. **4** Thanks for asking. **5** Thanks for understanding. **6** Thanks for dinner.

STEP 2 문장 완성하기

오늘의 패턴과 괄호 속의 어휘를 이용해서 다음 문장을 완성해 보세요.

1 시간 내 줘서 고마워. (your)

_____

2 염려해 줘서 고마워. (concern)

_____

3 태워 줘서 고마워. (the)

_____

STEP 3 영작하기

오늘의 패턴을 활용해서 다음 문장을 영작해 보세요.

4 물어봐 줘서 고마워.

_____

5 이해해 줘서 고마워.

_____

6 저녁 고마워.

_____

DAY 083

I didn't mean to ~
~하려던 건 아니야

여기서 mean은 '의도하다'란 뜻으로 I didn't meant to ~를 직역하면 '~할 의도는 아니었어'니까 곧 '~하려던 것 아니야'란 말이 됩니다. "그러려고 한 건 아니야."처럼 내 의도와 달리 내 말이나 행동이 상대방을 언짢게 했을 때 이를 사과하거나 변명하는 패턴이에요.

STEP 1 　패턴 활용

원어민이 즐겨 쓰는 아래 문장들을 여러 번 말해 보세요.

 ### I didn't mean to **do that.**
그러려고 한 건 아니야.

 ### I didn't mean to **say that.**
그 말을 하려던 건 아니야.

 ### I didn't mean to **startle you.**
널 놀라게 하려던 건 아니야.

정답 STEP 2–3 문제를 다 풀고 확인하세요.

1 I didn't mean to wake you. **2** I didn't mean to offend you. **3** I didn't mean to pressure you. **4** I didn't mean to scare you. **5** I didn't mean to hurt you. **6** I didn't mean to interrupt.

오늘의 패턴과 괄호 속의 어휘를 이용해서 다음 문장을 완성해 보세요.

1 널 깨우려던 건 아니야. (you)

_____

2 네 기분을 상하게 하려던 건 아니야. (you)

_____

3 너에게 부담 주려던 건 아니야. (you)

_____

오늘의 패턴을 활용해서 다음 문장을 영작해 보세요.

4 네가 겁먹게 하려던 건 아니야.

_____

5 널 다치게 하려던 건 아니야.

_____

6 방해하려던 건 아니야.

_____

I'm glad ~

~라서 기뻐

상대방이 내가 준 선물을 마음에 들어 하거나, 못 올 줄 알았던 사람이 힘들게 찾아와 주었을 때 등 나의 기쁜 마음을 표현하는 패턴이에요. I'm glad 뒤에 왜 기쁜지에 대한 내용이 오면 됩니다. glad뿐만 아니라 happy, grateful, thankful 등을 넣어서 말해도 좋습니다. 여러분은 지금 기쁜 일이 있나요? I'm glad you are reading this book!(저는 여러분이 이 이 책을 보고 있어서 기뻐요!)

STEP 1 패턴 활용

원어민이 즐겨 쓰는 아래 문장들을 여러 번 말해 보세요.

> **I'm glad you came.**
> 네가 와서 기뻐.

> **I'm glad you like it.**
> 네 마음에 들어서 기뻐.

> **I'm glad to hear that.**
> 그 얘기 들으니 기뻐.

정답 STEP 2-3 문제를 다 풀고 확인하세요.

1 I'm glad you said that. **2** I'm glad you're here. **3** I'm glad you're back. **4** I'm glad you asked. **5** I'm glad you're happy. **6** I'm glad he's okay.

오늘의 패턴과 괄호 속의 어휘를 이용해서 다음 문장을 완성해 보세요.

1 네가 그렇게 말해 줘서 기뻐. (that)

_____

2 네가 여기 있어서 기뻐. (you're)

_____

3 네가 돌아와서 기뻐. (you're)

_____

오늘의 패턴을 활용해서 다음 문장을 영작해 보세요.

4 네가 물어봐 줘서 기뻐.

_____

5 네가 행복해서 기뻐.

_____

6 그가 괜찮아서 기뻐.

_____

DAY
085

YouTube

I'm afraid ~

유감이지만 / 유감스럽게도 / 아쉽지만 ~해

상대방이 실망할 수 있는 얘기나 나쁜 소식을 전달할 때 문장 앞에 I'm afraid를 붙이는데요. 그러면 '유감이지만[아쉽지만] 상황이 이래서 ~할 것 같아', '유감스럽게도[아쉽게도] ~한 일이 있어' 등의 의미가 됩니다. 상대 방의 부탁이나 요청을 들어줄 수 없어서 정중하게 거절할 때도 I'm afraid 를 붙여서 말할 수 있습니다.

STEP 1 　패턴 활용

원어민이 즐겨 쓰는 아래 문장들을 여러 번 말해 보세요.

I'm afraid I have to go.
아쉽지만 가 봐야 할 것 같아.

I'm afraid I can't do that.
유감이지만 그거 못 할 것 같아.

I'm afraid there's been an incident.
유감스럽게도 사고가 있었어.

정답 STEP 2–3 문제를 다 풀고 확인하세요.

1 I'm afraid I have some bad news. **2** I'm afraid I can't wait any longer. **3** I'm afraid you're mistaken. **4** I'm afraid there's no elevator. **5** I'm afraid I can't tell you that. **6** I'm afraid I can't help you.

오늘의 패턴과 괄호 속의 어휘를 이용해서 다음 문장을 완성해 보세요.

1 유감스럽게도 나쁜 소식이 있어. (I have some)

_____

2 유감이지만 더 이상 기다릴 수 없어. (any longer)

_____

3 유감이지만 네가 잘못 알고 있는 것 같아. (mistaken)

_____

오늘의 패턴을 활용해서 다음 문장을 영작해 보세요.

4 아쉽게도 엘리베이터가 없어.

_____

5 유감이지만 그건 너한테 말할 수 없어.

_____

6 유감이지만 널 도와주지 못 할 것 같아.

_____

DAY 086

I can't believe ~
~라니 믿기지 않아

"세상에 이런 일이! 믿기지 않아."라고 할 때 I can't believe it!이라고 하
잖아요. 믿기 어려울 정도로 놀라운 얘기를 들었거나, 그런 일을 겪었을 때
나타내는 놀라움의 표현입니다. 그래서 I can't believe 뒤에 믿기 힘든
내용의 문장이 오면 '~라니 믿기지 않아'란 말이 됩니다. Tell me what
you can't believe!(여러분은 무엇을 믿기 어려운지 말해 보세요!)

STEP 1   패턴 활용

원어민이 즐겨 쓰는 아래 문장들을 여러 번 말해 보세요.

I can't believe **she did that.**
그녀가 그랬다니 믿기지 않아.

I can't believe **he said that.**
그가 그런 말을 했다니 믿기지 않아.

I can't believe **this is happening.**
이런 일이 일어나다니 믿기지 않아.

정답 STEP 2-3 문제를 다 풀고 확인하세요.

1 I can't believe I'm doing this. **2** I can't believe you lied to me. **3** I can't believe you
slept with him. **4** I can't believe you're moving. **5** I can't believe you fought him. **6** I can't
believe it's you.

196

STEP 2 문장 완성하기

오늘의 패턴과 괄호 속의 어휘를 이용해서 다음 문장을 완성해 보세요.

1 내가 이걸 하다니 믿기지 않아. (I'm doing)

_____

2 네가 나한테 거짓말했다니 믿기지 않아. (to me)

_____

3 네가 그와 잤다니 믿기지 않아. (you slept)

_____

STEP 3 영작하기

오늘의 패턴을 활용해서 다음 문장을 영작해 보세요.

4 네가 이사 가다니 믿기지 않아.

_____

5 네가 그와 싸웠다니 믿기지 않아.

_____

6 그게 너라니 믿기지 않아.

_____

DAY 087

Why are you being so ~?
너 왜 그렇게 ~한 거야?

상대방이 너무 까다롭게 굴거나, 너무 조용히 있거나 또는 나한테 너무 잘해 주는 등 상대방의 행동이 지나치다고 생각되거나 이유를 알 수 없을 때 '너 왜 그렇게 ~한 거야?"란 의미로 쓰는 패턴입니다. 여러 상황이 있지만 상대방의 행동이 못마땅스러워 따질 때 특히 많이 사용합니다. being so 뒤에는 형용사가 옵니다.

STEP 1 　패턴 활용

원어민이 즐겨 쓰는 아래 문장들을 여러 번 말해 보세요.

Why are you being so **mean?**
너 왜 그렇게 못되게 구는 거야?

··

Why are you being so **weird?**
너 왜 그렇게 이상하게 구는 거야?

··

Why are you being so **nice to me?**
너 왜 그렇게 나한테 잘해 주는 거야?

정답 STEP 2-3 문제를 다 풀고 확인하세요.

1 Why are you being so difficult? **2** Why are you being so negative? **3** Why are you being so serious? **4** Why are you being so selfish? **5** Why are you being so rude? **6** Why are you being so quiet?

오늘의 패턴과 괄호 속의 어휘를 이용해서 다음 문장을 완성해 보세요.

1 너 왜 그렇게 까다롭게 구는 거야? (d********)

_____

2 너 왜 그렇게 부정적인 거야? (n*******)

_____

3 너 왜 그렇게 심각한 거야? (s******)

_____

STEP 3 영작하기

오늘의 패턴을 활용해서 다음 문장을 영작해 보세요.

4 너 왜 그렇게 이기적인 거야?

_____

5 너 왜 그렇게 무례하게 구는 거야?

_____

6 너 왜 그렇게 조용한 거야?

_____

DAY
088

Don't be ~

~하게 굴지 마, ~하지 마

'그러지 마', '하지 마'란 뜻을 가진 명령문이에요. "바보같이 굴지 마.", "버릇없이 굴지 마."처럼 상대방의 행동이 못마땅해서 그러지 못하도록 할 때도 쓰고, "미안해하지 마.", "무서워하지 마."처럼 '괜찮아. 그럴 필요 없어'란 의미를 담고 쓰기도 합니다.

STEP 1 패턴 활용

원어민이 즐겨 쓰는 아래 문장들을 여러 번 말해 보세요.

Don't be **sorry.**
미안해하지 마.

Don't be **silly.**
바보같이 굴지 마.

Don't be **mad.**
화내지 마.

정답 STEP 2-3 문제를 다 풀고 확인하세요.

1 Don't be scared. **2** Don't be upset. **3** Don't be embarrassed. **4** Don't be shy. **5** Don't be nervous. **6** Don't be rude.

오늘의 패턴과 괄호 속의 어휘를 이용해서 다음 문장을 완성해 보세요.

1 무서워하지 마. (s*****)

_____

2 언짢아하지 마. (u****)

_____

3 창피해하지 마. (e**********)

_____

오늘의 패턴을 활용해서 다음 문장을 영작해 보세요.

4 부끄러워하지 마.

_____

5 긴장하지 마.

_____

6 버릇없이 굴지 마.

_____

I love it when ~
~가 ~할 때 너무 좋아

I love it.은 원어민이 입버릇처럼 자주 쓰는 말이에요. 우리는 '사랑한다'란 말을 연인에게만 쓰고 그마저 쑥스러워 잘 쓰지 않는 사람이 많은데요. 원어민들은 뭔가가 너무 좋고, 너무 맛있고, 너무 맘에 들 때 I love it.을 시도 때도 없이 씁니다. 여러분도 원어민처럼 감정을 담아 말해 보세요. when 뒤에 어떨 때가 좋은지만 붙여 주면 완성!

원어민이 즐겨 쓰는 아래 문장들을 여러 번 말해 보세요.

I love it when **you do that.**
네가 그럴 때 너무 좋아.

I love it when **you talk dirty.**
네가 음탕하게 말할 때 너무 좋아.

I love it when **you speak French.**
네가 프랑스어 할 때 너무 좋아.

정답 STEP 2-3 문제를 다 풀고 확인하세요.

1 I love it when you sing to me. **2** I love it when she talks like that. **3** I love it when guys fight over me. **4** I love it when you're funny. **5** I love it when you wear the suit. **6** I love it when you cook for me.

오늘의 패턴과 괄호 속의 어휘를 이용해서 다음 문장을 완성해 보세요.

1 네가 나한테 노래 불러 줄 때 너무 좋아. (to me)

_____

2 그녀가 저렇게 말할 때 너무 좋아. (she talks)

_____

3 남자들이 날 두고 싸울 때 너무 좋아. (over me)

_____

오늘의 패턴을 활용해서 다음 문장을 영작해 보세요.

4 네가 웃길 때 너무 좋아.

_____

5 네가 정장 입을 때 너무 좋아.

_____

6 네가 날 위해 요리할 때 너무 좋아.

_____

I hate it when ~

~가 ~할 때 너무 싫어

앞 장에는 너무 좋고 행복할 때를 말하는 패턴이었는데, 이번에는 너무 싫고 짜증 날 때를 말하는 패턴이에요. "사람들이 새치기할 때 너무 싫어.", "네가 욕할 때 너무 싫어."처럼 너무 싫은 상황이나 행동 등에 관해서 말할 때는 '매우 싫어하다'란 뜻의 hate를 써서 말합니다. 여러분은 어떨 때가 너무 싫은 가요? 너무 추울 때? 잔소리 들을 때? 세상이 내 맘 같지 않을 때?

 STEP 1 패턴 활용

원어민이 즐겨 쓰는 아래 문장들을 여러 번 따라 말해 보세요.

I hate it when **you do that.**
네가 그럴 때 너무 싫어.

I hate it when **things don't go my way.**
일이 내 뜻대로 되지 않을 때 너무 싫어.

I hate it when **people treat animals badly.**
사람들이 동물을 함부로 대할 때 너무 싫어.

 정답 오른쪽 문제를 다 풀고 확인하세요.

1 I hate it when she whines. **2** I hate it when people litter. **3** I hate it when she stares at me like that. **4** I hate it when we fight. **5** I hate it when he's right. **6** I hate it when people don't listen to me.

STEP 2 문장 완성하기

오늘의 패턴과 괄호 속의 어휘를 이용해서 다음 문장을 완성해 보세요.

1 그녀가 징징거릴 때 너무 싫어. (whines)

_____

2 사람들이 쓰레기를 함부로 버릴 때 너무 싫어. (litter)

_____

3 그녀가 저렇게 날 쳐다볼 때 너무 싫어. (she stares at me)

_____

STEP 3 영작하기

오늘의 패턴을 활용해서 다음 문장을 영작해 보세요.

4 우리가 싸울 때 너무 싫어.

_____

5 그가 옳을 때 너무 싫어.

_____

6 사람들이 내 말을 듣지 않을 때 너무 싫어.

_____

Part 10

영어로
말할 수
있나요?

① 설명하기 어려워.

_____ explain.

② 그건 네가 아름다워서 그래.

_____ you're beautiful.

③ 그래서 너한테 물어보는 거야.

_____ I'm asking you.

④ 내가 찾던 게 바로 그거야.

_____ I was looking for.

⑤ 분명 실수가 있을 거야.

_____ some mistake.

⑥ 내가 할 수 있는 게 아무것도 없어.

_____ I can do.

⑦ 너한테 말했어야 하는데.

_____ told you.

⑧ 그 말을 하는 게 아니었어.

_____ said that.

⑨ 너 그걸 봤어야 하는데.

_____ seen it.

⑩ 너 그러는 게 아니었어.

_____ done that.

DAY
091

It's hard to ~
~하기 어려워

"취직하기 어려워.", "돈 벌기 어려워.", "결혼하기 어려워." 요즘은 어려운 게 너무 많은 것 같아요. 지금 같은 세상에 이렇게 '~하기 너무 어려워'라고 할 때는 It's hard to 뒤에 동사만 붙여서 말해 주면 됩니다. 그나마 이 패턴은 쉬워서 다행이네요. 여러분은 지금 뭐가 제일 어렵나요? It's hard to speak English well! Right? But you can do it!(영어를 잘하기가 어렵죠! 맞나요? 하지만 여러분은 할 수 있어요!)

STEP 1 패턴 활용

원어민이 즐겨 쓰는 아래 문장들을 여러 번 말해 보세요.

It's hard to **explain.**
설명하기 어려워.

It's hard to **believe.**
믿기 어려워.

It's hard to **keep up.**
따라가기 어려워.

 정답 STEP 2–3 문제를 다 풀고 확인하세요.

1 It's hard to get a job. **2** It's hard to find parking here. **3** It's hard to be persistent. **4** It's hard to understand. **5** It's hard to imagine. **6** It's hard to choose.

STEP 2 문장 완성하기

오늘의 패턴과 괄호 속의 어휘를 이용해서 다음 문장을 완성해 보세요.

1 일자리 구하기 어려워. (get)

_____

2 여기 주차할 곳 찾기 어려워. (parking here)

_____

3 꾸준하게 하기 어려워. (be)

_____

STEP 3 영작하기

오늘의 패턴을 활용해서 다음 문장을 영작해 보세요.

4 이해하기 어려워.

_____

5 상상하기 어려워.

_____

6 선택하기 어려워.

_____

That's because ~
그건 ~해서 그래

That's because를 직역하면 '그것은 왜냐하면'이죠. 즉 '그건 ~ 때문에 그래', '그건 ~해서 그런 거야'란 의미입니다. "넌 왜 여자 친구가 없니?", "그건 내가 못생겨서 그래."처럼 상대방이 궁금해하는 것에 대해 그 이유를 알려줄 때는 That's because 뒤에 이유를 넣어서 말하면 됩니다. 영어가 너무 어렵다고요? That's because you don't practice enough! (그건 충분히 연습하지 않아서 그래요!)

STEP 1 ▶ 패턴 활용

원어민이 즐겨 쓰는 아래 문장들을 여러 번 말해 보세요.

🗣️ ### That's because **you're beautiful.**
그건 네가 아름다워서 그래.

🗣️ ### That's because **I love you.**
그건 내가 널 사랑해서 그래.

🗣️ ### That's because **I believe in you.**
그건 내가 널 믿어서 그래.

정답 STEP 2-3 문제를 다 풀고 확인하세요.

1 That's because he likes you. **2** That's because I was super upset. **3** That's because she's a bitch. **4** That's because it's not true. **5** That's because they're rich. **6** That's because I hate her.

오늘의 패턴과 괄호 속의 어휘를 이용해서 다음 문장을 완성해 보세요.

1 그건 그가 널 좋아해서 그래. (you)

_____

2 그건 내가 엄청 기분이 상해서 그래. (I was)

_____

3 그건 그녀가 왕재수라서 그래. (a bitch)

_____

오늘의 패턴을 활용해서 다음 문장을 영작해 보세요.

4 그건 그게 사실이 아니라서 그래.

_____

5 그건 그들이 부자라서 그래.

_____

6 그건 내가 그녀를 싫어해서 그래.

_____

That's why ~
그래서 ~한 거야, 그래서 ~한 거구나

That's why ~는 크게 두 가지 용도로 사용되는데요. "네 남자 친구가 양
다리를 걸치고 있었다고?", "어, 그래서 걔랑 헤어진 거야."처럼 '그것 때문
에 그렇게 된 거다'라고 말할 때도 쓰고, "우리 엄마는 미술 선생님이야.",
"그래서 너도 그림을 잘 그리는 거구나."처럼 '아하, 그래서 그런 거구나'하
고 무엇에 관한 이유를 알게 되어 납득할 때도 사용합니다.

STEP 1   패턴 활용

원어민이 즐겨 쓰는 아래 문장들을 여러 번 말해 보세요.

🗣 **That's why I love you.**
그래서 내가 널 사랑하는 거야.

🗣 **That's why I'm here.**
그래서 내가 여기 있는 거야.

🗣 **That's why I'm asking you.**
그래서 너한테 물어보는 거야.

정답 STEP 2-3 문제를 다 풀고 확인하세요.

1 That's why it's so important. **2** That's why I brought you here. **3** That's why you're so
good at it. **4** That's why we fought. **5** That's why I left him. **6** That's why I need you.

오늘의 패턴과 괄호 속의 어휘를 이용해서 다음 문장을 완성해 보세요.

1 그래서 그게 아주 중요한 거야. (it's so)

_____

2 그래서 널 여기 데려온 거야. (I brought)

_____

3 그래서 네가 그걸 아주 잘하는구나. (you're so)

_____

오늘의 패턴을 활용해서 다음 문장을 영작해 보세요.

4 그래서 우리가 싸운 거야.

_____

5 그래서 내가 그를 떠난 거야.

_____

6 그래서 네가 필요한 거야.

_____

DAY
094

That's what ~
~이 바로 그거야

That's it!은 "바로 그거야!"란 뜻의 표현인데요. 여기에서 it을 what ~으로 바꿔서 '~이 바로 그거야'란 의미로 쓸 수 있어요. "내가 말하던 게 바로 그거야.", "내가 찾던 게 바로 그거야.", "내가 원하는 게 바로 그거야."처럼 다양한 형태로 쓸 수 있습니다. Practice! That's what makes you better!(연습! 그게 바로 여러분의 실력을 키워 주는 거예요!)

STEP 1   패턴 활용

원어민이 즐겨 쓰는 아래 문장들을 여러 번 말해 보세요.

That's what **I'm talking about.**
내가 얘기하는 게 바로 그거야.

That's what **I was looking for.**
내가 찾던 게 바로 그거야.

That's what **friends are for.**
친구란 게 바로 그거야.

 정답 STEP 2–3 문제를 다 풀고 확인하세요.

1 That's what I'm trying to tell you. **2** That's what I'm gonna do. **3** That's what she said.
4 That's what I thought. **5** That's what he wants. **6** That's what my dad says.

오늘의 패턴과 괄호 속의 어휘를 이용해서 다음 문장을 완성해 보세요.

1 너한테 얘기하려는 게 바로 그거야. (I'm trying to)

_____

2 내가 하려는 게 바로 그거야. (I'm gonna)

_____

3 그녀가 말한 게 바로 그거야. (she)

_____

오늘의 패턴을 활용해서 다음 문장을 영작해 보세요.

4 내가 생각한 게 바로 그거야.

_____

5 그가 원하는 게 바로 그거야.

_____

6 우리 아빠가 하는 말이 바로 그거야.

_____

DAY
095

There must be ~
분명 ~가 있을 거야

직역하면 '거기엔 분명 ~가 있다'인데요. 확인된 것은 아니지만 분명 뭔가가 있을 거라고 확신에 차서 말할 때 쓰는 패턴이에요. "어떻게 걔가 탈락할 수 있어? 분명 착오가 있을 거야." "너무 낙심하지 마. 분명 네가 잘하는 뭔가가 있을 거야." 이런 식으로 '실수', '오해', '이유' 등 다양한 말을 넣어서 활용할 수 있어요. 혹시 일이 잘 풀리지 않을 때가 있더라도 너무 상심하지 마세요. There must be hope under any circumstances!(어떠한 상황에서도 분명히 희망은 남아 있을 거예요!)

STEP 1 　패턴 활용

원어민이 즐겨 쓰는 아래 문장들을 여러 번 말해 보세요.

> # There must be **some mistake.**
> 분명 실수가 있을 거야.
>
> # There must be **a misunderstanding.**
> 분명 오해가 있을 거야.
>
> # There must be **something behind it.**
> 분명 그 뒤에 뭐가 있을 거야.

정답 STEP 2-3 문제를 다 풀고 확인하세요.

1 There must be a reason for it. **2** There must be something we can do. **3** There must be something you're good at. **4** There must be another way. **5** There must be something else. **6** There must be something you want.

216

오늘의 패턴과 괄호 속의 어휘를 이용해서 다음 문장을 완성해 보세요.

1 거기엔 분명 이유가 있을 거야. (for it)

_____

2 분명 우리가 할 수 있는 뭔가가 있을 거야. (something we)

_____

3 분명 네가 잘하는 뭔가가 있을 거야. (good at)

_____

오늘의 패턴을 활용해서 다음 문장을 영작해 보세요.

4 분명 다른 길이 있을 거야.

_____

5 분명 다른 뭐가 있을 거야.

_____

6 분명 네가 원하는 뭔가가 있을 거야.

_____

DAY
096

There's nothing ~

~할 게 아무것도 없어, ~인 것은 아무것도 없어

앞에서 배운 패턴과 반대로 '뭔가가 하나도 없다', 즉 '아무것도 없다'고 할 때 쓰는 패턴이에요. There's nothing 뒤에 무엇이 없는지 내용을 넣어서 말해 주면 됩니다. 내가 원하는 게 없을 수도 있고, 내가 할 수 있는 게 없을 수도 있고, 두려워할 게 없다고 말할 수도 있겠죠? 이 패턴은 조금 어렵게 느껴질 수 있으니 가능한 예문을 그대로 외우는 것을 추천합니다.

STEP 1 　패턴 활용

원어민이 즐겨 쓰는 아래 문장들을 여러 번 말해 보세요.

> ### There's nothing **I can do.**
> 내가 할 수 있는 게 아무것도 없어.
>
> ---
>
> ### There's nothing **to be scared of.**
> 무서워할 게 아무것도 없어.
>
> ---
>
> ### There's nothing **suspicious about that.**
> 거기에 수상한 것은 아무것도 없어.

 정답 STEP 2–3 문제를 다 풀고 확인하세요.

1 There's nothing you can do about it. **2** There's nothing wrong with that. **3** There's nothing left to do. **4** There's nothing to talk about. **5** There's nothing to worry about. **6** There's nothing we can do for her.

오늘의 패턴과 괄호 속의 어휘를 이용해서 다음 문장을 완성해 보세요.

1. 그것에 관해 네가 할 수 있는 게 아무것도 없어. (about it)

   _____

2. 거기에 잘못된 것은 아무것도 없어. (with that)

   _____

3. 남은 할 일이 아무것도 없어. (left)

   _____

오늘의 패턴을 활용해서 다음 문장을 영작해 보세요.

4. 얘기할 게 아무것도 없어.

   _____

5. 걱정할 게 아무것도 없어.

   _____

6. 그녀를 위해 우리가 할 수 있는 게 아무것도 없어.

   _____

DAY 097

I should have p.p.

~했어야 하는데, ~할 걸 그랬어

무언가를 했어야 하는데 하지 않은 것이 아쉬워 후회할 때 쓰는 패턴이에요.
"학교 다닐 때 공부 열심히 했어야 하는데.", "엄마 말을 들을 걸 그랬어.",
"테슬라 주식을 샀어야 하는데." 이렇게 우리는 살아가면서 후회하는 일은
정말 많죠? 그만큼 유용한 패턴이라는 말이에요. should have를 구어체
에서는 짧게 should've라고도 합니다.

STEP 1 패턴 활용

원어민이 즐겨 쓰는 아래 문장들을 여러 번 말해 보세요.

I should have listened to my mom.

엄마 말을 들었어야 하는데.

I should have told you.

너한테 말했어야 하는데.

I should have been with you.

너랑 같이 있었어야 하는데.

정답 STEP 2-3 문제를 다 풀고 확인하세요.

1 I should have realized sooner. **2** I should have done this long time ago. **3** I should have
been a doctor. **4** I should have kissed her. **5** I should have brought my sunglasses.
6 I should have bought the house.

오늘의 패턴과 괄호 속의 어휘를 이용해서 다음 문장을 완성해 보세요.

1 더 빨리 깨달았어야 하는데. (sooner)

_____

2 옛날에 이걸 했어야 하는데. (long time ago)

_____

3 의사가 됐어야 하는데. (been)

_____

오늘의 패턴을 활용해서 다음 문장을 영작해 보세요.

4 그녀에게 키스했어야 하는데.

_____

5 내 선글라스를 가져왔어야 하는데.

_____

6 그 집을 샀어야 하는데.

_____

DAY
098

I shouldn't have p.p.
~하는 게 아니었어, ~하지 말았어야 했어

무언가를 이미 저질렀지만 그러지 말았어야 했다고 후회할 때 쓰는 패턴이에요. 한 말을 후회할 때, 너무 많이 먹은 걸 후회할 때, 한 행동을 후회할 때 등 우리는 하지 말았어야 하는 행동을 해 놓고 뒤늦게 후회할 때가 많죠. **Tell me what you shouldn't have done!**(여러분은 무엇을 하지 말았어야 했는지 말해 보세요!)

STEP 1 패턴 활용

원어민이 즐겨 쓰는 아래 문장들을 여러 번 말해 보세요.

I shouldn't have **come.**
오는 게 아니었어.

I shouldn't have **told you.**
너한테 말하는 게 아니었어.

I shouldn't have **said that.**
그 말을 하는 게 아니었어.

정답 STEP 2~3 문제를 다 풀고 확인하세요.

1 I shouldn't have eaten that. **2** I shouldn't have brought it up. **3** I shouldn't have brought you here. **4** I shouldn't have done that. **5** I shouldn't have asked. **6** I shouldn't have lied.

STEP 2 ▶ 문장 완성하기

오늘의 패턴과 괄호 속의 어휘를 이용해서 다음 문장을 완성해 보세요.

1 그걸 먹는 게 아니었어. (that)

_____

2 그 얘길 꺼내는 게 아니었어. (brought it)

_____

3 널 여기 데려오는 게 아니었어. (brought you)

_____

STEP 3 ▶ 영작하기

오늘의 패턴을 활용해서 다음 문장을 영작해 보세요.

4 그걸 하는 게 아니었어.

_____

5 물어보는 게 아니었어.

_____

6 거짓말하는 게 아니었어.

_____

DAY
099

YouTube

You should have p.p.
너 ~했어야 하는데, 너 ~하지 그랬어

상대방이 무엇을 했어야 하는데 하지 않은 것이 아쉬울 때 '아깝다, 네가 ~
했어야 하는데'란 의미로 쓰는 패턴이에요. "너도 봤어야 하는데. 완전 대박
이었어.", "그걸 혼자서 다 했어? 나한테 말하지 그랬어." 이런 식으로 상대
방이 무엇을 하지 않은 것을 아쉬워하며 사용합니다.

STEP 1 패턴 활용

원어민이 즐겨 쓰는 아래 문장들을 여러 번 말해 보세요.

You should have **seen it.**
너 그걸 봤어야 하는데.

You should have **told me.**
너 나한테 말하지 그랬어.

You should have **come with us.**
너 우리랑 같이 갔어야 하는데.

정답 STEP 2-3 문제를 다 풀고 확인하세요.

1 You should have punched him. **2** You should have done it earlier. **3** You should have joined us. **4** You should have called. **5** You should have seen his face. **6** You should have gone to Canada.

오늘의 패턴과 괄호 속의 어휘를 이용해서 다음 문장을 완성해 보세요.

1 너 그에게 한 방 날렸어야 하는데. (punched)

_____

2 너 그걸 일찍 했어야 하는데. (earlier)

_____

3 너 우리와 함께했어야 하는데. (joined)

_____

오늘의 패턴을 활용해서 다음 문장을 영작해 보세요.

4 너 전화하지 그랬어.

_____

5 너 그의 얼굴을 봤어야 하는데.

_____

6 너 캐나다로 갔어야 하는데.

_____

225

You shouldn't have p.p.
너 ~하는 게 아니었어, 너 ~하지 말았어야 했어

상대방이 옳지 않은 행동을 해서 훈계하거나, 무엇을 하지 않는 게 오히려 더 나았을 때 안타까움을 표현하는 패턴이에요. "너는 그러지 말았어야 했어. 왜 그랬니?"란 느낌이 들어 있어요. 친구가 말실수를 해서 다른 사람에게 상처 줬을 때, 친구가 돈 없다고 차버린 연습생 남친이 나중에 BTS가 되었을 때 등 다양하게 쓸 수 있어요. 선물을 받았을 때 You shouldn't have.라고 하면 "이러지 않아도 되는데 (뭘 이런 것까지)."란 말이 됩니다.

STEP 1 패턴 활용

원어민이 즐겨 쓰는 아래 문장들을 여러 번 말해 보세요.

You shouldn't have **done that.**
너 그러는 게 아니었어.

You shouldn't have **said that.**
너 그 말 하는 게 아니었어.

You shouldn't have **quit your job.**
너 일 그만두는 게 아니었어.

정답 STEP 2–3 문제를 다 풀고 확인하세요.

1 You shouldn't have drunk like that. **2** You shouldn't have brought me here. **3** You shouldn't have bought it. **4** You shouldn't have left him. **5** You shouldn't have told her. **6** You shouldn't have come back.

오늘의 패턴과 괄호 속의 어휘를 이용해서 다음 문장을 완성해 보세요.

1 너 그렇게 마시는 게 아니었어. (like that)

_____

2 너 나를 여기 데려오는 게 아니었어. (brought)

_____

3 너 그거 사지 말았어야 했어. (it)

_____

오늘의 패턴을 활용해서 다음 문장을 영작해 보세요.

4 너 그를 떠나지 말았어야 했어.

_____

5 너 그녀에게 말하지 말았어야 했어.

_____

6 너 돌아오지 말았어야 했어.

_____

영어회화 필수패턴 자동암기

초판 1쇄 발행 2020년 5월 15일
초판 2쇄 발행 2024년 1월 15일

지은이 로라, 니키
발행인 홍성은
발행처 바이링구얼
교정교열 임나윤
디자인 Design IF

출판등록 2011년 1월 12일
주소 서울 마포구 월드컵북로 5나길 18, 217호
전화 (02) 6015-8835
팩스 (02) 6455-8835
이메일 nick0413@gmail.com

ISBN 979-11-85980-32-4 13740

영어회화 필수패턴 자동암기

워크북

바이링구얼

영어 문장을 가린 후 우리말을 영어로 말해 보세요.
틀린 문장은 빈칸에 체크하고 다음에 다시 맞혀 보세요.

> **DAY 001** **I wanna ~** ~하고 싶어

○ 1 집에 가고 싶어.   I wanna go home.

○ 2 너랑 같이 있고 싶어.   I wanna be with you.

○ 3 너에게 뭔가 보여 주고 싶어.   I wanna show you something.

○ 4 너를 다시 보고 싶어.   I wanna see you again.

○ 5 그를 지금 만나고 싶어.   I wanna meet him now.

○ 6 너에게 뭔가 말하고 싶어.   I wanna tell you something.

○ 7 너랑 같이 가고 싶어.   I wanna go with you.

○ 8 너를 돕고 싶어.   I wanna help you.

○ 9 모든 걸 알고 싶어.   I wanna know everything.

Do you wanna ~? ~할래?

○ 1 볼래?　　　　　　　Do you wanna see?

○ 2 아침 먹을래?　　　　Do you wanna get some breakfast?

○ 3 한잔하러 갈래?　　　Do you wanna go get a drink?

○ 4 엑스박스 할래?　　　Do you wanna play Xbox?

○ 5 점심 먹으러 갈래?　　Do you wanna go grab some lunch?

○ 6 학교 끝나고 우리　　Do you wanna study at my place
　　집에서 공부할래?　after school?

○ 7 들어올래?　　　　　Do you wanna come in?

○ 8 내기할래?　　　　　Do you wanna bet?

○ 9 자러 갈래?(졸리니?)　Do you wanna go to sleep?

DAY 003 : **I'd like to ~** ~하고 싶어요

○ 1 예약하고 싶어요.   I'd like to make a reservation.

○ 2 매니저와 얘기하고 싶어요.   I'd like to talk to the manager.

○ 3 절도 사건을 신고하고 싶어요.   I'd I ike to report a theft.

○ 4 이 수표를 현금으로 바꾸고 싶어요.   I'd like to cash this check.

○ 5 예금 계좌를 개설하고 싶어요.   I'd like to open a savings account.

○ 6 내 친구에게 당신을 소개하고 싶어요.   I'd like to introduce you to my friend.

○ 7 알고 싶어요.   I'd like to know.

○ 8 당신에게 한잔 사고 싶어요.   I'd like to buy you a drink.

○ 9 제 구독을 취소하고 싶어요.   I'd like to cancel my subscription.

Would you like to ~? ～할래요?

○ 1 올래요?   Would you like to come?

○ 2 저녁 먹고 갈래요?   Would you like to stay for dinner?

○ 3 메시지 남길래요?   Would you like to leave a message?

○ 4 그를 볼래요?   Would you like to see him?

○ 5 점심 먹으러 여기 올래요?   Would you like to come over for lunch?

○ 6 우리랑 함께할래요?   Would you like to join us?

○ 7 춤출래요?   Would you like to dance?

○ 8 앉을래요?   Would you like to sit down?

○ 9 저랑 같이 아침 먹을래요?   Would you like to have breakfast with me?

DAY 005 : **I'm gonna ~** 나 ~할 거야

○ 1 나그거할거야.   I'm gonna do it.

○ 2 나네가보고싶을거야.   I'm gonna miss you.

○ 3 나운동하러갈거야.   I'm gonna go work out.

○ 4 나여기잠시있을거야.   I'm gonna stay here for a while.

○ 5 나월차낼거야.   I'm gonna take the day off.

○ 6 나그거거절할거야.   I'm gonna turn it down.

○ 7 나잘거야.   I'm gonna sleep.

○ 8 나샤워할거야.   I'm gonna take a shower.

○ 9 나그녀와결혼할거야.   I'm gonna marry her.

I'm not gonna ~   나 ~하지 않을 거야

○ 1 나 그렇게 안 할 거야.   I'm not gonna do that.

○ 2 나 이거 안 먹을 거야.   I'm not gonna eat this.

○ 3 나 웃지 않을게.   I'm not gonna laugh.

○ 4 나 아무 말도 안 할 거야.   I'm not gonna say anything.

○ 5 나 너 없이는 안 갈 거야.   I'm not gonna go without you.

○ 6 나 너한테 다시 묻지 않을 거야.   I'm not gonna ask you again.

○ 7 나 거짓말하지 않을 거야.   I'm not gonna lie.

○ 8 나 그거 입지 않을 거야.   I'm not gonna wear it.

○ 9 나 널 다치게 하지 않을 거야.   I'm not gonna hurt you.

DAY 007 **Are you gonna ~?** 너 ~할 거야?

○ 1 너 그거 먹을 거야? **Are you gonna eat that?**

○ 2 너 나 보고 싶어 할 거야? **Are you gonna miss me?**

○ 3 너 그거 받을 거야? **Are you gonna get that?**

○ 4 너 그거 입을 거야? **Are you gonna wear that?**

○ 5 너 계속 나 미워할 거야? **Are you gonna hate me forever?**

○ 6 너 앉아서 아무것도 안 할 거야? **Are you gonna sit around and do nothing?**

○ 7 너 그녀에게 말할 거야? **Are you gonna tell her?**

○ 8 너 그에게 전화할 거야? **Are you gonna call him?**

○ 9 너 우리랑 같이할 거야? **Are you gonna join us?**

I'm trying to ~
나 ~하려고 하고 있어, 나 ~하려는 거야

○ 1 나 사람들과 어울리려고 하고 있어.　**I'm trying to fit in.**

○ 2 나 몸 만들려고 하고 있어.　**I'm trying to get in shape.**

○ 3 나 너 도우려는 거야.　**I'm trying to help you.**

○ 4 나 체중에 신경 쓰려고 하고 있어.　**I'm trying to watch my weight.**

○ 5 나 대화를 하려는 거야.　**I'm trying to have a conversation.**

○ 6 나 선택지를 열어 두려는 거야.　**I'm trying to keep my options open.**

○ 7 나 자려고 하고 있어.　**I'm trying to sleep.**

○ 8 나 이거 고치려고 하고 있어.　**I'm trying to fix this.**

○ 9 나 아이 가지려고 하고 있어.　**I'm trying to have a baby.**

DAY 009 : I'm not trying to ~ 나 ~하려는 게 아니야

○ 1 나 웃기려는 게 아니야. **I'm not trying to be funny.**

○ 2 나 까다롭게 굴려는 게 아니야. **I'm not trying to be difficult.**

○ 3 나 인기 얻으려는 게 아니야. **I'm not trying to be popular.**

○ 4 나 너 기분 나쁘게 하려는 게
아니야. **I'm not trying to make you feel bad.**

○ 5 나 누굴 속이려는 게 아니야. **I'm not trying to fool anybody.**

○ 6 나 너에게 뭘 팔려는 게
아니야. **I'm not trying to sell you anything.**

○ 7 나 무례하게 굴려는 게 아니야. **I'm not trying to be rude.**

○ 8 나 널 바꾸려는 게 아니야. **I'm not trying to change you.**

○ 9 나 널 설득하려는 게 아니야. **I'm not trying to persuade you.**

Are you trying to ~? 너 ~하려는 거야?

○ 1 너 나 질투나게 하려는 거야? Are you trying to make me jealous?

○ 2 너 나 취하게 하려는 거야? Are you trying to get me drunk?

○ 3 너 나 속이려는 거야? Are you trying to trick me?

○ 4 너 나 열받게 하려는 거야? Are you trying to piss me off?

○ 5 너 죽으려는 거야? Are you trying to get yourself killed?

○ 6 너 일부러 나 화나게 하려는 거야? Are you trying to get a rise out of me?

○ 7 너 나 유혹하려는 거야? Are you trying to seduce me?

○ 8 너 짤리려는 거야? Are you trying to get fired?

○ 9 너 우리를 매수하려는 거야? Are you trying to bribe us?

DAY 011 : **I'm kind of ~** 나 좀 ~해

○ 1 나 좀 배고파.　　　I'm kind of hungry.

○ 2 나 좀 바빠.　　　I'm kind of busy.

○ 3 나 좀 피곤해.　　　I'm kind of tired.

○ 4 나 좀 긴장돼.　　　I'm kind of nervous.

○ 5 나 좀 창피해.　　　I'm kind of embarrassed.

○ 6 나 좀 무서워.　　　I'm kind of scared.

○ 7 나 좀 신나.　　　I'm kind of excited.

○ 8 나 좀 놀랐어.　　　I'm kind of surprised.

○ 9 나 좀 충격 받았어.　　　I'm kind of shocked.

○ 1 나 점점 살쪄. I'm getting fat.

○ 2 나 점점 늙어. I'm getting old.

○ 3 나 점점 걱정돼. I'm getting worried.

○ 4 나 점점 추워. I'm getting cold.

○ 5 나 점점 졸려. I'm getting sleepy.

○ 6 나 점점 배고파. I'm getting hungry.

○ 7 나 점점 심심해. I'm getting bored.

○ 8 나 점점 아파. I'm getting sick.

○ 9 나 점점 긴장돼. I'm getting nervous.

DAY 013 : I could use ~ ~하면 좋겠다

○ 1 커피 한 잔 마시면 좋겠다.　　　I could use a cup of coffee.

○ 2 좀 쉬면 좋겠다.　　　I could use a break.

○ 3 말동무가 좀 있으면 좋겠다.　　　I could use some company.

○ 4 신선한 공기 좀 쐬면 좋겠다.　　　I could use some fresh air.

○ 5 너 같은 사람이 있으면 좋겠다.　　I could use someone like you.

○ 6 네가 도와주면 좋겠다.　　　I could use your help.

○ 7 한잔하면 좋겠다.　　　I could use a drink.

○ 8 낮잠 좀 자면 좋겠다.　　　I could use a nap.

○ 9 좀 태워 주면 좋겠다.　　　I could use a ride.

I don't feel like ~ ~하고 싶지 않아

○ 1 그거 하고 싶지 않아.　　　I don't feel like it.

○ 2 먹고 싶지 않아.　　　I don't feel like eating.

○ 3 지금 얘기하고 싶지 않아.　　　I don't feel like talking now.

○ 4 오늘은 일하고 싶지 않아.　　　I don't feel like working today.

○ 5 오늘 저녁은 요리하고
　　싶지 않아.　　　I don't feel like cooking
　　　tonight.

○ 6 TV 보고 싶지 않아.　　　I don't feel like watching TV.

○ 7 가고 싶지 않아.　　　I don't feel like going.

○ 8 춤추고 싶지 않아.　　　I don't feel like dancing.

○ 9 노래하고 싶지 않아.　　　I don't feel like singing.

DAY 015 : **I've always wanted to ~**
항상 ~하고 싶었어

○ 1 항상 그거 해 보고 싶었어.   I've always wanted to try it.

○ 2 항상 가수가 되고 싶었어.   I've always wanted to be a singer.

○ 3 항상 유럽에 가고 싶었어.   I've always wanted to go to Europe.

○ 4 항상 외국에서 공부하고 싶었어.   I've always wanted to study abroad.

○ 5 항상 드럼 치는 걸 배우고 싶었어.   I've always wanted to learn to play drums.

○ 6 항상 내 사업을 시작하고 싶었어.   I've always wanted to start my own business.

○ 7 항상 파리에 살고 싶었어.   I've always wanted to live in Paris.

○ 8 항상 소설을 쓰고 싶었어.   I've always wanted to write a novel.

○ 9 항상 아이가 갖고 싶었어.   I've always wanted to have children.

I look forward to ~ ~이 너무 기대돼

○ 1 그거 너무 기대돼.   I look forward to it.

○ 2 너를 보는 게 너무 기대돼.   I look forward to seeing you.

○ 3 너와 함께 일하는 게 너무 기대돼.   I look forward to working with you.

○ 4 그거 듣는 게 너무 기대돼.   I look forward to hearing about it.

○ 5 그의 다음 기사가 너무
기대돼.   I look forward to his next
articles.

○ 6 다음에 뭐가 일어날지
너무 기대돼.   I look forward to what
happens next.

○ 7 내일이 너무 기대돼.   I look forward to tomorrow.

○ 8 결과가 너무 기대돼.   I look forward to the results.

○ 9 그녀를 만나는 게 너무 기대돼.   I look forward to meeting her.

DAY 017 : **I can't wait to ~** 빨리 ~하고 싶어

○ 1 빨리 네가 보고 싶어.   I can't wait to see you.

○ 2 빨리 그녀에게 말하고 싶어.   I can't wait to talk to her.

○ 3 빨리 그게 읽고 싶어.   I can't wait to read it.

○ 4 빨리 여행 가고 싶어.   I can't wait to go on a trip.

○ 5 빨리 자세한 얘기가 듣고 싶어.   I can't wait to hear the details.

○ 6 빨리 그의 표정이 보고 싶어.   I can't wait to see the look on his face.

○ 7 빨리 그를 만나고 싶어.   I can't wait to meet him.

○ 8 빨리 너와 결혼하고 싶어.   I can't wait to marry you.

○ 9 빨리 아빠가 되고 싶어.   I can't wait to be a dad.

I can't stop -ing 계속 ~하게 돼

○ 1 계속 웃음이 나.　　　　I can't stop laughing.

○ 2 계속 재채기가 나.　　　I can't stop sneezing.

○ 3 계속 먹게 돼.　　　　　I can't stop eating.

○ 4 계속 네 생각이 나.　　　I can't stop thinking about you.

○ 5 계속 그 얘기를 하게 돼.　I can't stop talking about it.

○ 6 계속 그를 쳐다보게 돼.　I can't stop looking at him.

○ 7 계속 울음이 나.　　　　I can't stop crying.

○ 8 계속 미소 짓게 돼.　　　I can't stop smiling.

○ 9 계속 마시게 돼.　　　　I can't stop drinking.

DAY 019 ⋮ **I can't stand** ~을 못 참겠어

○ 1 더 이상 못 참겠어.   I can't stand it anymore.

○ 2 추위를 못 참겠어.   I can't stand the cold.

○ 3 저 남자 못 참겠어.   I can't stand that guy.

○ 4 무례한 건 못 참겠어.   I can't stand bad manners.

○ 5 그녀의 거짓말을 못 참겠어.   I can't stand her bullshit.

○ 6 사람들이 불평하는 거 못 참겠어.   I can't stand people complaining.

○ 7 그녀를 못 참겠어.   I can't stand her.

○ 8 이 사람들 못 참겠어.   I can't stand these people.

○ 9 저 소음 못 참겠어.   I can't stand that noise.

I'm sick of ~ ~ 지긋지긋해

○ 1 이렇게 사는 거 지긋지긋해.　　I'm sick of living like this.

○ 2 네 거짓말 지긋지긋해.　　I'm sick of your lies.

○ 3 맨날 똑같은 거 지긋지긋해.　　I'm sick of the same old thing.

○ 4 중국 음식 먹는 거 지긋지긋해.　　I'm sick of eating Chinese food.

○ 5 항상 너 뒤치다꺼리하는 거 지긋지긋해.　　I'm sick of covering for you all the time.

○ 6 그가 날 애 취급하는 거 지긋지긋해.　　I'm sick of him treating me like a kid.

○ 7 기다리는 거 지긋지긋해.　　I'm sick of waiting.

○ 8 싸우는 거 지긋지긋해.　　I'm sick of fighting.

○ 9 그거 듣는 거 지긋지긋해.　　I'm sick of hearing it.

DAY 021 : **Can I get ~?**
~ 주세요, ~ 주실래요?, ~해 줄/받을 수 있을까요?

○ 1 그릴드 치즈랑 콜라 주세요.
Can I get a grilled cheese and a coke?

○ 2 리필해 주실래요?
Can I get a refill?

○ 3 태워 주실 수 있을까요?
Can I get a ride?

○ 4 스몰 라떼 하나 포장해 주세요.
Can I get a small latte to go?

○ 5 냅킨 좀 주실래요?
Can I get some napkins?

○ 6 당신 연락처를 받을 수 있을까요?
Can I get your number?

○ 7 물 좀 주세요.
Can I get some water?

○ 8 사인 받을 수 있을까요?
Can I get your autograph?

○ 9 환불 받을 수 있을까요?
Can I get a refund?

I'll have ~ ~로 할게요, ~ 먹을래

○ 1 계란 2개 반숙으로 너무
흐르지 않게 하고,
소시지 같이 할게요.
I'll have two eggs, over easy,
not too runny and a side of
sausages.

○ 2 늘 먹던 걸로 할게요.
I'll have the usual.

○ 3 같은 걸로 할게요.
I'll have the same.

○ 4 그녀가 먹는 걸로 할게요.
I'll have what she's having.

○ 5 좀 더 할게요.
I'll have some more.

○ 6 테킬라 한 잔 할게요.
I'll have a shot of tequila.

○ 7 맥주로 할게요.
I'll have a beer.

○ 8 연어로 할게요.
I'll have the salmon.

○ 9 3번으로 할게요.
I'll have a number three.

DAY 023 | **Would you like ~?** ~ 드릴까요?

○ 1 하나 드릴까요?   Would you like one?

○ 2 좀 드릴까요?   Would you like some?

○ 3 (술) 한잔 드릴까요?
마실 것 드릴까요?   Would you like a drink?

○ 4 한잔 더 드릴까요?   Would you like another glass?

○ 5 와인 좀 더 드릴까요?   Would you like some more wine?

○ 6 물이나 탄산수
드릴까요?   Would you like still
or sparkling?

○ 7 샌드위치 드릴까요?   Would you like a sandwich?

○ 8 사과 좀 드릴까요?   Would you like some apple?

○ 9 안내 책자 드릴까요?   Would you like a brochure?

Can I get you ~? ~ 가져다줄까요?

○ 1 뭐 가져다줄까요?
커피나 차?

Can I get you anything?
Coffee? Tea?

○ 2 커피 가져다줄까요?
물이라도?

Can I get you coffee? Water?

○ 3 (술) 한잔 가져다줄까요?
마실 것 가져다줄까요?

Can I get you a drink?

○ 4 뭐 먹을 거 가져다줄까요?　　Can I get you something to eat?

○ 5 차 한 잔 가져다줄까요?　　Can I get you a cup of tea?

○ 6 진통제 좀 가져다줄까요?　　Can I get you some painkillers?

○ 7 아침 가져다줄까요?　　Can I get you breakfast?

○ 8 맥주 가져다줄까요?　　Can I get you a beer?

○ 9 하나 더 가져다줄까요?　　Can I get you another?

DAY
025 ┊ **I'll go get ~** ～가지고 올게

○ 1 내 물건 가지고 올게.   I'll go get my stuff.

○ 2 밴드 좀 가지고 올게.   I'll go get a band-aid.

○ 3 너 마실 물 좀 가지고 올게.   I'll go get you some water.

○ 4 내 코트 가지고 올게.   I'll go get my coat.

○ 5 좀 더 가지고 올게.   I'll go get some more.

○ 6 우리가 마실 것 좀 가지고 올게.   I'll go get us some drinks.

○ 7 타월 가지고 올게.   I'll go get a towel.

○ 8 그를 데리고 올게.   I'll go get him.

○ 9 차 가지고 올게.   I'll go get the car.

Can I have ~ back? ～ 돌려줄래?

○ 1 그거 돌려줄래?   Can I have it back?

○ 2 내 돈 돌려줄래?   Can I have my money back?

○ 3 내 열쇠 돌려줄래?   Can I have my keys back?

○ 4 내 노트 돌려줄래?   Can I have my notebook back?

○ 5 내 공 돌려줄래?   Can I have my ball back?

○ 6 내 폰 돌려줄래?   Can I have my phone back?

○ 7 그를 돌려줄래?   Can I have him back?

○ 8 내 펜 돌려줄래?   Can I have my pen back?

○ 9 내 재킷 돌려줄래?   Can I have my jacket back?

> **DAY 027** · **Do you want me to ~?**
> 내가 ~할까?, 내가 ~하길 원해?

○ 1 내가 갈까? **Do you want me to go?**

○ 2 내가 그거 열까? **Do you want me to open it?**

○ 3 내가 거짓말하길 원해? **Do you want me to lie?**

○ 4 내가 그에게 물어볼까? **Do you want me to ask him?**

○ 5 내가 그리로 갈까? **Do you want me to come over?**

○ 6 내가 그거 고칠까? **Do you want me to fix it?**

○ 7 내가 운전할까? **Do you want me to drive?**

○ 8 내가 그만하길 원해? **Do you want me to stop?**

○ 9 내가 애원하길 원해? **Do you want me to beg?**

○ 1 여기 앉아도 될까요?   **Do you mind if I sit here?**

○ 2 이거 빌려도 될까요?   **Do you mind if I borrow this?**

○ 3 당신들과 함께해도 될까요?   **Do you mind if I join you?**

○ 4 질문 하나 해도 될까요?   **Do you mind if I ask a question?**

○ 5 창문 열어도 될까요?   **Do you mind if I open the window?**

○ 6 한번 봐도 될까요?   **Do you mind if I take a look?**

○ 7 담배 피워도 될까요?   **Do you mind if I smoke?**

○ 8 이거 가져가도 될까요?   **Do you mind if I take this?**

○ 9 그녀를 빌려도 될까요?   **Do you mind if I borrow her?**

DAY 029 : I wonder ~ ~는 뭘까?

○ 1 그녀는 누굴까?　　　　I wonder who she is.

○ 2 그가 알까?　　　　　　I wonder if he knows.

○ 3 무슨 일이 있었던 걸까?　I wonder what happened.

○ 4 누가 저 집에 살까?　　　I wonder who lives in that house.

○ 5 지금 그녀는 뭐 할까?　　I wonder what she's doing now.

○ 6 그녀가 알아챌까?　　　　I wonder if she'll notice.

○ 7 그는 어디에 있을까?　　　I wonder where he is.

○ 8 그게 작동할까?　　　　　I wonder if it works.

○ 9 뭐가 문제일까?　　　　　I wonder what's wrong.

I was wondering if you ~

(혹시) 네가 ~할지 궁금해서

○ 1 네가 언젠가 데이트하고
싶을지 궁금해서.

I was wondering if you'd
like to go out sometime.

○ 2 네가 간단히 먹으러 가고
싶은지 궁금해서.

I was wondering if you
wanted to grab a bite.

○ 3 네가 부탁을 들어줄 수
있을지 궁금해서.

I was wondering if you
could do me a favor.

○ 4 네가 영화 보러 가고 싶을지
궁금해서.

I was wondering if you would
like to go to the movies.

○ 5 네가 같이 가고 싶은지
궁금해서.

I was wondering if you wanted
to come with me.

○ 6 네가 나랑 도움이 필요할지
궁금해서.

I was wondering if you needed
any help.

○ 7 네가 오고 싶어 할지
궁금해서.

I was wondering if you'd like
to come.

○ 8 네가 날 도와줄 수 있을지
궁금해서.

I was wondering if you could
help me.

○ 9 네가 오늘 밤에 바쁜지
궁금해서.

I was wondering if you were
busy tonight.

DAY 031 : **I'm here to ~** ~하러 왔어요

○ 1 스미스 부인을 만나러 왔어요. I'm here to see Mrs. Smith.

○ 2 영어 배우러 왔어요. I'm here to learn English.

○ 3 정장을 가지러 왔어요. I'm here to pick up my suit.

○ 4 일자리에 지원하려고 왔어요. I'm here to apply for the job.

○ 5 아들을 데리러 왔어요. I'm here to pick up my son.

○ 6 부탁을 하려고 왔어요. I'm here to ask a favor.

○ 7 돈 벌려고 왔어요. I'm here to make money.

○ 8 당신을 도우러 왔어요. I'm here to help you.

○ 9 사과하러 왔어요. I'm here to apologize.

I'm not here to ~ 나 ~하러 온 게 아니야

○ 1 나 그 얘기하러 온 게 아니야. I'm not here to talk about that.

○ 2 나 너랑 다투러 온 게 아니야. I'm not here to argue with you.

○ 3 나 친구 사귀러 온 게 아니야. I'm not here to make friends.

○ 4 나 널 보러 온 게 아니야. I'm not here to see you.

○ 5 나 당신 일을 하러 온 게 아니야. I'm not here to do your job.

○ 6 나 너한테 뭐 팔러 온 게 아니야. I'm not here to sell you anything.

○ 7 나 싸우러 온 게 아니야. I'm not here to fight.

○ 8 나 술 마시러 온 게 아니야. I'm not here to drink.

○ 9 나 춤추러 온 게 아니야. I'm not here to dance.

> DAY
> **033**
> # I'm calling about ~
> ~ 일로 / ~ 때문에 / ~ 보고 전화했어요

○ 1 크레이그스리스트에 나온
　　당신 광고를 보고 전화했어요.
I'm calling about your ad
on Craigslist.

○ 2 우리 화요일 미팅 때문에
　　전화했어요.
I'm calling about our meeting
on Tuesday.

○ 3 제 여동생 일로 전화했어요.
I'm calling about my sister.

○ 4 하로 스트리트의 집을 보고
　　전화했어요.
I'm calling about the house
on Haro Street.

○ 5 아파트 임대 보고
　　전화했어요.
I'm calling about the apartment
for rent.

○ 6 당신이 광고한 차를 보고
　　전화했어요.
I'm calling about the car
you have advertised.

○ 7 일자리 광고를 보고 전화했어요. I'm calling about the job ad.

○ 8 내일 저녁 식사 때문에
　　전화했어요.
I'm calling about dinner
tomorrow.

○ 9 당신 아들 일로 전화했어요. I'm calling about your son.

I'm on ~ 나 ~하는 중이야, 나 ~하고 있어

○ 1 나 그거 하고 있어.   I'm on it.

○ 2 나 휴가 중이야.   I'm on vacation.

○ 3 나 약 먹고 있는 중이야.   I'm on medication.

○ 4 나 가고 있어.   I'm on my way.

○ 5 나 통화 중이야.   I'm on the phone.

○ 6 나 다이어트 중이야.   I'm on a diet.

○ 7 나 근무 중이야.   I'm on duty.

○ 8 나 휴식 중이야.   I'm on break.

○ 9 나 텔레비전에 나오고 있어.   I'm on TV.

**DAY
035**

I'm not much of a ~
나 ~하는 사람은 아니야

○ 1 나 말 잘하는 사람은 아니야. I'm not much of a talker.

○ 2 나 요리 잘하는 사람은 아니야. I'm not much of a cook.

○ 3 나 술 잘 마시는 사람은 아니야. I'm not much of a drinker.

○ 4 나 강아지 좋아하는 사람은 아니야. I'm not much of a dog person.

○ 5 나 스포츠 좋아하는 남자는 아니야. I'm not much of a sports guy.

○ 6 나 싸움 잘하는 사람은 아니야. I'm not much of a fighter.

○ 7 나 노래 잘하는 사람은 아니야. I'm not much of a singer.

○ 8 나 춤 잘 추는 사람은 아니야. I'm not much of a dancer.

○ 9 나 글 잘 쓰는 사람은 아니야. I'm not much of a writer.

I used to ~ 나 ~했었어

○ 1 나 뚱뚱했었어.   I used to be fat.

○ 2 나 여기 살았었어.   I used to live here.

○ 3 나 스키장에서 일했었어.   I used to work at a ski resort.

○ 4 나 학교에서 농구 했었어.   I used to play basketball in school.

○ 5 나 샘 좋아했었어.   I used to have a crush on Sam.

○ 6 나 그녀의 집에서 자고 오곤 했었어.   I used to sleep over at her house.

○ 7 나 담배 피웠었어.   I used to smoke.

○ 8 나 머리 염색했었어.   I used to dye my hair.

○ 9 나 그를 싫어했었어.   I used to hate him.

> **DAY 037** I was just about to ~
> 나 막 ~하려던 참이었어

○ 1 나 막 너한테 전화하려던 참이었어. I was just about to call you.

○ 2 나 막 그 말 하려던 참이었어. I was just about to say that.

○ 3 나 막 나가려던 참이었어. I was just about to go out.

○ 4 나도 막 너한테 같은 거 물어보려던 참이었어. I was just about to ask you the same thing.

○ 5 나 막 일어나려던 참이었어. I was just about to get out of bed.

○ 6 나 막 저녁 만들려던 참이었어. I was just about to make dinner.

○ 7 나 막 쉬려던 참이었어. I was just about to take a break.

○ 8 나 막 자려던 참이었어. I was just about to go to bed.

○ 9 나 막 떠나려던 참이었어. I was just about to leave.

I decided to ~ 나 ~하기로 결정했어

☐ 1 나 여기 있기로 결정했어. I decided to stay here.

☐ 2 나 서울로 이사하기로 결정했어. I decided to move to Seoul.

☐ 3 나 채식주의자가 되기로
결정했어. I decided to become
a vegetarian.

☐ 4 나 파티 열기로 결정했어. I decided to throw a party.

☐ 5 나 며칠 쉬기로 결정했어. I decided to take a few days off.

☐ 6 나 해병대에 입대하기로
결정했어. I decided to join the Marine
Corps.

☐ 7 나 프랑스에 가기로 결정했어. I decided to go to France.

☐ 8 나 회사를 떠나기로 결정했어. I decided to leave the
company.

☐ 9 나 아동서 쓰기로 결정했어. I decided to write a
children's book.

DAY 039 : **Let me ~** 내가 ~할게, 나 ~하게 해 줘

○ 1 내가 말할게.　　　　　　　Let me talk.

○ 2 나 보여 줘.　　　　　　　Let me see.

○ 3 내가 너한테 얘기 좀 할게.
　　 (내 말 좀 들어봐.)　　　 Let me tell you something.

○ 4 내가 맞혀 볼게.　　　　　Let me guess.

○ 5 내가 널 도와줄게.　　　　Let me help you.

○ 6 나 그거 생각해 볼게.　　Let me think about it.

○ 7 내가 설명할게.　　　　　Let me explain.

○ 8 나 들여보내 줘.　　　　　Let me in.

○ 9 나 가게 해 줘.　　　　　　Let me go.

Let me know ~ ~하면 알려 줘

○ 1 뭐든 필요한 게 있으면
   알려 줘.
   Let me know if you need
   anything.

○ 2 너 준비되면 알려 줘.
   Let me know when you're ready.

○ 3 너 어떻게 생각하는지 알려 줘.
   Let me know what you think.

○ 4 네 마음이 바뀌면
   알려 줘.
   Let me know if you change
   your mind.

○ 5 너 다하면 알려 줘.
   Let me know when you're done.

○ 6 가능한 한 빨리 알려 줘.
   Let me know as soon as you can.

○ 7 그가 널 귀찮게 하면 알려 줘.
   Let me know if he bothers you.

○ 8 너 거기 도착하면 알려 줘.
   Let me know when you get there.

○ 9 무슨 일인지 알려 줘.
   Let me know what happens.

DAY 041

I don't think ~
~ 같지 않아, ~이 아닌 것 같아, ~라고 생각 안 해

○ 1 그건 좋은 생각 같지 않아. I don't think that's a good idea.

○ 2 나 이거 할 수 있을 것 같지 않아. I don't think I can do this.

○ 3 우리가 그러면 안 될 것 같아. I don't think we should do that.

○ 4 그녀는 아는 것 같지 않아. I don't think she knows.

○ 5 그는 돌아올 것 같지 않아. I don't think he's coming back.

○ 6 나 이거 이길 것 같지 않아. I don't think I'm gonna win this.

○ 7 네가 이해하는 것 같지 않아. I don't think you understand.

○ 8 그가 그걸 한 것 같지 않아. I don't think he did it.

○ 9 그녀가 뚱뚱하다고 생각 안 해. I don't think she's fat.

You don't think ~?
~가 아니라고 생각해?

○ 1 내가 이거 못할 거라고 생각해?   **You don't think I can do this?**

○ 2 그게 사실이 아니라고 생각해?   **You don't think that's true?**

○ 3 내가 그걸 모른다고 생각해?   **You don't think I know that?**

○ 4 그거 너무하지 않다고 생각해?   **You don't think it's too much?**

○ 5 내가 그녀에게 데이트 신청   **You don't think I could**
　　 못할 거라고 생각해?   **ask her out?**

○ 6 내가 충분하지 않다고   **You don't think I'm good**
　　 생각해?   **enough?**

○ 7 그가 안 했다고 생각해?   **You don't think he did it?**

○ 8 그녀가 예쁘지 않다고 생각해?   **You don't think she's pretty?**

○ 9 내가 틀리지 않다고 생각해?   **You don't think I'm wrong?**

DAY 043 : **I'm thinking of ~** ~할까 생각 중이야

○ 1 파티를 할까 생각 중이야. I'm thinking of having a party.

○ 2 여행을 갈까 생각 중이야. I'm thinking of taking a trip.

○ 3 타투를 할까 생각 중이야. I'm thinking of getting a tattoo.

○ 4 한국으로 돌아갈까
생각 중이야. I'm thinking of going back to
Korea.

○ 5 욕실을 리모델링할까
생각 중이야. I'm thinking of getting the
bathroom redone.

○ 6 건축학을 전공할까
생각 중이야. I'm thinking of majoring
in architecture.

○ 7 그만둘까 생각 중이야. I'm thinking of quitting.

○ 8 제주로 이사할까 생각 중이야. I'm thinking of moving to Jeju.

○ 9 집을 지을까 생각 중이야. I'm thinking of building a house.

I can't think of ~ ~이 떠오르지 않아

○ 1 지금은 아무것도 떠오르지 않아. I can't think of anything right now.

○ 2 그걸 뭐라고 하는지 떠오르지 않아. I can't think of what it's called.

○ 3 다른 방법은 아무것도 떠오르지 않아. I can't think of any other way.

○ 4 너 외에 아무것도 떠오르지 않아. I can't think of anything but you.

○ 5 다른 이유는 아무것도 떠오르지 않아. I can't think of any other reason.

○ 6 더 나은 사람이 아무도 떠오르지 않아. I can't think of anyone better.

○ 7 할 말이 아무것도 떠오르지 않아. I can't think of anything to say.

○ 8 더 나은 생각이 떠오르지 않아. I can't think of a better idea.

○ 9 단어가 떠오르지 않아. I can't think of the word.

DAY 045 : I don't know why ~ 왜 ~인지 모르겠어

○ 1 왜 내가 너한테 이야기를
　　하는지 모르겠어.
I don't know why
I'm telling you this.

○ 2 왜 네가 신경을 쓰는지 모르겠어.
I don't know why you bother.

○ 3 왜 내가 그 생각을 못 했는지
　　모르겠어.
I don't know why I hadn't
thought of that.

○ 4 왜 내가 여기 왔는지 모르겠어.
I don't know why I came here.

○ 5 왜 그가 그렇게 언짢아하는지
　　모르겠어.
I don't know why he's so
upset.

○ 6 왜 네가 이걸 이해 못하는지
　　모르겠어.
I don't know why you can't
understand this.

○ 7 왜 내가 그런 말을 했는지 모르겠어.
I don't know why I said that.

○ 8 왜 그들이 여기 있는지 모르겠어.
I don't know why they're here.

○ 9 왜 그녀가 나를 떠났는지 모르겠어.
I don't know why she left me.

I knew you'd ~ 네가 ~할 줄 알았어

○ 1 네가 까먹을 줄 알았어.   I knew you'd forget.

○ 2 네가 그 말 할 줄 알았어.   I knew you'd say that.

○ 3 네가 그거 좋아할 줄 알았어.   I knew you'd like it.

○ 4 네가 늦을 줄 알았어.   I knew you'd be late.

○ 5 네가 돌아올 줄 알았어.   I knew you'd come back.

○ 6 네가 내 탓할 줄 알았어.   I knew you'd blame me.

○ 7 네가 그거 싫어할 줄 알았어.   I knew you'd hate it.

○ 8 네가 나한테 전화할 줄 알았어. I knew you'd call me.

○ 9 네가 이해할 줄 알았어.   I knew you'd understand.

DAY 047 : **I never thought ~** ~은 생각도 못했어

○ 1 널 여기서 볼 줄은 생각도. 못했어

I never thought I'd see you here.

○ 2 너한테서 다시 연락 올지는 생각도 못했어.

I never thought I'd hear from you again.

○ 3 그게 정말 일어날지는 생각도 못했어.

I never thought it would really happen.

○ 4 너 같은 여자를 만날 줄은 생각도 못했어.

I never thought I'd meet a girl like you.

○ 5 내가 방송국에서 일할지는 생각도 못했어.

I never thought I'd work in television.

○ 6 그가 실제로 그걸 할지는 생각도 못했어.

I never thought he'd actually do it.

○ 7 내가 이 말을 할지는 생각도 못했어.

I never thought I'd say this.

○ 8 네가 올지는 생각도 못했어.

I never thought you'd come.

○ 9 우리가 이길지는 생각도 못했어.

I never thought we'd win.

I hope ~ ~하면 좋겠다

○ 1 네 마음에 들면 좋겠다.   I hope you like it.

○ 2 네가 배고팠으면 좋겠다.   I hope you're hungry.

○ 3 우리 자리 있으면 좋겠다.   I hope we can get a table.

○ 4 네가 좋은 시간을 보내면 좋겠다.   I hope you have a great time.

○ 5 내가 방해하는 게 아니면 좋겠다.   I hope I'm not interrupting.

○ 6 교통 체증이 심하지 않았으면   I hope traffic wasn't too
　　 좋겠다.   bad.

○ 7 네가 이기면 좋겠다.   I hope you win.

○ 8 그가 괜찮으면 좋겠다.   I hope he's okay.

○ 9 네가 개의치 않으면 좋겠다.   I hope you don't mind.

DAY 049 : **Let's hope ~** ~하길 바라자

○ 1 그러길 바라자.   Let's hope so.

○ 2 그러지 않길 바라자.   Let's hope not.

○ 3 잘되길 바라자.   Let's hope for the best.

○ 4 이게 먹히길 바라자.   Let's hope this works.

○ 5 그가 마음을 바꾸길 바라자.   Let's hope he changes his mind.

○ 6 우리가 너무 늦지 않길 바라자.   Let's hope we're not too late.

○ 7 네 말이 맞길 바라자.   Let's hope you're right.

○ 8 그게 사실이길 바라자.   Let's hope that's true.

○ 9 그녀가 괜찮길 바라자.   Let's hope she's okay.

I wish ~ ~였으면 좋을 텐데

○ 1 네가 여기 있었으면 좋을 텐데.   I wish you were here.

○ 2 키가 좀 더 컸으면 좋을 텐데.   I wish I was a little taller.

○ 3 여자 친구가 있었으면 좋을 텐데.   I wish I had a girlfriend.

○ 4 내가 너랑 같이 거기 있었으면 좋을 텐데.   I wish I could be there with you.

○ 5 그가 내 남자 친구였으면 좋을 텐데.   I wish he was my boyfriend.

○ 6 내가 너 같았으면 좋을 텐데.   I wish I could be like you.

○ 7 내가 그녀였으면 좋을 텐데.   I wish I was her.

○ 8 네가 내 여동생이였으면 좋을 텐데.   I wish you were my sister.

○ 9 이런 차가 있었으면 좋을 텐데.   I wish I had a car like this.

DAY 051 : How's ~? ~는 어때?

☐ 1 학교는 어때?   How's school?

☐ 2 아버지는 어때?   How's your dad?

☐ 3 다리는 어때?   How's the leg?

☐ 4 일은 어때?   How's work?

☐ 5 아기는 어때?   How's the baby?

☐ 6 속은 어때?   How's your stomach?

☐ 7 사업은 어때?   How's business?

☐ 8 가족들은 어때?   How's your family?

☐ 9 허리는 어때?   How's your back?

How was ~? ~는 어땠어?

◯ 1 그거 어땠어?　　　　　How was it?

◯ 2 오늘 하루 어땠어?　　　How was your day?

◯ 3 교통 어땠어?　　　　　How was traffic?

◯ 4 주말 어땠어?　　　　　How was your weekend?

◯ 5 여행 어땠어?　　　　　How was your trip?

◯ 6 영어 시험 어땠어?　　　How was your English quiz?

◯ 7 호주 어땠어?　　　　　How was Australia?

◯ 8 영화 어땠어?　　　　　How was the movie?

◯ 9 저녁 어땠어?　　　　　How was dinner?

**DAY
053**

What's ~ like? ~는 어떤 사람/것이야?

○ 1 그녀는 어떤 사람이야?　　　**What's she like?**

○ 2 런던은 어떤 곳이야?　　　**What's London like?**

○ 3 날씨는 어떤 편이야?　　　**What's the weather like?**

○ 4 네 아버지는 어떤 분이야?　　　**What's your dad like?**

○ 5 네 남자 친구는 어떤 사람이야?　**What's your boyfriend like?**

○ 6 네 방은 어떤 느낌이야?　　　**What's your room like?**

○ 7 그는 어떤 사람이야?　　　**What's he like?**

○ 8 네 여동생은 어떤 애야?　　　**What's your sister like?**

○ 9 올리비아는 어떤 사람이야?　　**What's Olivia like?**

What do you think of ~?

~를 어떻게 생각해?

⃝ 1 이거 어떻게 생각해?   **What do you think of this?**

⃝ 2 그녀를 어떻게 생각해?   **What do you think of her?**

⃝ 3 우리 집 어떻게 생각해?   **What do you think of my place?**

⃝ 4 네 새 차 어떻게 생각해?   **What do you think of your new car?**

⃝ 5 이 아이디어 어떻게 생각해? **What do you think of this idea?**

⃝ 6 그 정장 어떻게 생각해?   **What do you think of the suit?**

⃝ 7 뉴욕을 어떻게 생각해?   **What do you think of New York?**

⃝ 8 이 셔츠 어떻게 생각해?   **What do you think of this shirt?**

⃝ 9 제스를 어떻게 생각해?   **What do you think of Jess?**

DAY 055 : **Have you ever ~?** ～해 본 적 있어?

○ 1 한국에 가 본 적 있어? **Have you ever been to Korea?**

○ 2 '블랙핑크' 들어 본 적 있어? **Have you ever heard of "Blackpink"?**

○ 3 김치 먹어 본 적 있어? **Have you ever tried Kimchi?**

○ 4 요가 해 본 적 있어? **Have you ever tried yoga?**

○ 5 전에 이거 해 본 적 있어? **Have you ever done this before?**

○ 6 누군가 가르쳐 본 적 있어? **Have you ever taught anybody?**

○ 7 전에 그녀를 본 적 있어? **Have you ever seen her before?**

○ 8 그를 만나 본 적 있어? **Have you ever met him?**

○ 9 골프 쳐 본 적 있어? **Have you ever played golf?**

How long have you p.p. ~?
~한 지 얼마나 됐어?

○ 1 여기 있은 지 얼마나 됐어? How long have you been here?

○ 2 여기서 일한 지 얼마나 됐어? How long have you worked here?

○ 3 그녀를 사귄 지 얼마나 됐어? How long have you been seeing her?

○ 4 너희 사귄지 얼마나 됐어? How long have you been together?

○ 5 LA에서 산 지 얼마나 됐어? How long have you lived in L.A.?

○ 6 영어를 가르친 지
    얼마나 됐어?   How long have you been
                       teaching English?

○ 7 그를 안 지 얼마나 됐어? How long have you known him?

○ 8 결혼한 지 얼마나 됐어? How long have you been married?

○ 9 기다린 지
    얼마나 됐어?   How long have you been
                       waiting?

DAY 057 : **Do you ever ~?** 너 ~할 때 있어?

○ 1 너 그가 보고 싶을 때 있어? **Do you ever miss him?**

○ 2 너 CNN 볼 때 있어? **Do you ever watch CNN?**

○ 3 너 야구 경기 보러 갈 때 있어? **Do you ever go to baseball games?**

○ 4 너 스노보드 타러 갈 때 있어? **Do you ever go snowboarding?**

○ 5 너 말하기 전에 생각할 때 있어? **Do you ever think before you speak?**

○ 6 너 결혼하는 거에 대해 생각할 때 있어? **Do you ever think about getting married?**

○ 7 너 골프 칠 때 있어? **Do you ever play golf?**

○ 8 너 스타필드에서 쇼핑할 때 있어? **Do you ever shop at Starfield?**

○ 9 너 악몽을 꿀 때 있어? **Do you ever have nightmares?**

How often do you ~?
얼마나 자주 ~해?

○ 1 얼마나 자주 여기 와? How often do you come here?

○ 2 얼마나 자주 축구 해? How often do you play soccer?

○ 3 얼마나 자주 요가 해? How often do you do yoga?

○ 4 얼마나 자주 머리 잘라? How often do you get a haircut?

○ 5 얼마나 자주 사무실에서 야근해? How often do you stay late at work?

○ 6 얼마나 자주 운동해? How often do you work out?

○ 7 얼마나 자주 술 마셔? How often do you drink?

○ 8 얼마나 자주 그를 봐? How often do you see him?

○ 9 얼마나 자주 영화 봐? How often do you watch movies?

DAY 059

When was the last time ~?
마지막으로 ~한 게 언제야?

◯ 1 마지막으로 진찰을 받은 게 언제야?

When was the last time you saw a doctor?

◯ 2 마지막으로 여자 친구가 있었던 게 언제야?

When was the last time you had a girlfriend?

◯ 3 마지막으로 남자와 키스한 게 언제야?

When was the last time you kissed a man?

◯ 4 마지막으로 그에게서 연락 온 게 언제야?

When was the last time you heard from him?

◯ 5 마지막으로 아버지와 얘기한 게 언제야?

When was the last time you spoke to your dad?

◯ 6 마지막으로 어머니를 찾아뵌 게 언제야?

When was the last time you visited your mother?

◯ 7 마지막으로 그녀를 본 게 언제야?

When was the last time you saw her?

◯ 8 마지막으로 우리가 여기 온 게 언제야?

When was the last time we came here?

◯ 9 마지막으로 이 집을 청소한 게 언제야?

When was the last time you cleaned this place?

How come ~?
어떻게 ~할 수 있어?, 어떻게 ~일 수 있어?

○ 1 어떻게 너 나한테 그 얘길 안 할 수 있어?
How come you never told me about that?

○ 2 어떻게 너 이 얘길 아무한테도 안 할 수 있어?
How come you didn't tell anybody about this?

○ 3 어떻게 너 나한테 다시 전화 안 할 수 있어?
How come you didn't call me back?

○ 4 어떻게 그가 아직도 싱글일 수 있어?
How come he's still single?

○ 5 어떻게 너 나한테 데이트 신청을 안 할 수 있어?
How come you never asked me out?

○ 6 어떻게 그녀가 알아채지 못할 수 있어?
How come she didn't notice?

○ 7 어떻게 그게 내 잘못일 수 있어?
How come it's my fault?

○ 8 어떻게 너 일본어를 잘할 수 있어?
How come you speak Japanese well?

○ 9 어떻게 너 내 문자에 답장을 안 할 수 있어?
How come you didn't text me back?

> **DAY 061**
>
> # Why don't you ~?
> ~하는 게 어때?, ~하지 그래?

○ 1 그냥 그녀에게 말하는 게 어때? **Why don't you just tell her?**

○ 2 한번 시도해 보는 게 어때? **Why don't you give it a try?**

○ 3 편하게 앉아서 좀 쉬는 게 어때? **Why don't you sit back and relax?**

○ 4 좀 자는 게 어때? **Why don't you get some sleep?**

○ 5 차에서 기다리는 게 어때? **Why don't you wait in the car?**

○ 6 거실에서 우리랑 함께하는 게 어때? **Why don't you join us in the living room?**

○ 7 우리랑 같이 가는 게 어때? **Why don't you come with us?**

○ 8 앉는 게 어때? **Why don't you sit down?**

○ 9 그냥 그에게 전화하는 게 어때? **Why don't you just call him?**

I think you should ~
너 ~하는 게 좋을 것 같아

○ 1 너 뭐 좀 먹는 게 좋을 것 같아.   I think you should eat something.

○ 2 너 이 기회를 잡는 게
좋을 것 같아.   I think you should take this
opportunity.

○ 3 너 좀 더 자주 웃는 게
좋을 것 같아.   I think you should smile
more often.

○ 4 너 진찰 받아 보는 게
좋을 것 같아.   I think you should see
a doctor.

○ 5 너 이혼하는 게 좋을 것 같아.   I think you should get a divorce.

○ 6 너 옷 입는 게 좋을 것 같아.   I think you should get dressed.

○ 7 너 그거 하는 게 좋을 것 같아.   I think you should do it.

○ 8 너 가서 그에게 말하는 게
좋을 것 같아.   I think you should go and
talk to him.

○ 9 너 우리랑 같이 가는 게
좋을 것 같아.   I think you should come
with us.

DAY
063

Maybe we should ~
우리 ~해야 할 것 같아

○ 1 우리 택시를 잡아야 할 것 같아. **Maybe we should get a cab.**

○ 2 우리 다른 걸 시도해 봐야
할 것 같아. **Maybe we should try
something else.**

○ 3 우리 이거 미뤄야 할 것 같아. **Maybe we should put this on hold.**

○ 4 우리 방을 잡아야 할 것 같아. **Maybe we should get a room.**

○ 5 우리 이거 다음에 해야 할 것
같아. **Maybe we should do this
another time.**

○ 6 우리 연락처를 교환해야
할 것 같아. **Maybe we should exchange
numbers.**

○ 7 우리 그냥 여기 있어야 할 것 같아. **Maybe we should just stay here.**

○ 8 우리 잠시 쉬어야 할 것 같아. **Maybe we should take a break.**

○ 9 우리 경찰을 불러야 할 것 같아. **Maybe we should call the police.**

○ 1 흥분하지 말자.   Let's not get carried away.

○ 2 너무 앞서가지 말자.   Let's not get ahead of ourselves.

○ 3 성급하게 단정짓지 말자.   Let's not jump to conclusions.

○ 4 그것에 관해선 얘기하지 말자.   Let's not talk about it.

○ 5 서두르지 말자.   Let's not be hasty.

○ 6 왜 우리가 여기 있는지
잊지 말자.   Let's not forget why
we're here.

○ 7 다투지 말자.   Let's not argue.

○ 8 오버하지 말자.   Let's not overreact.

○ 9 시간 낭비하지 말자.   Let's not waste time.

DAY 065

You better ~ ~하는 게 좋을 거야

○ 1 그거 명심하는 게 좋을 거야.   **You better keep that in mind.**

○ 2 그거 익숙해지는 게 좋을 거야.   **You better get used to it.**

○ 3 정신 차리는 게 좋을 거야.   **You better get your shit together.**

○ 4 시작하는 게 좋을 거야.   **You better get started.**

○ 5 조심하는 게 좋을 거야.   **You better watch out.**

○ 6 준비해 두는 게 좋을 거야.   **You better be prepared.**

○ 7 서두르는 게 좋을 거야.   **You better hurry up.**

○ 8 속도를 늦추는 게 좋을 거야.   **You better slow down.**

○ 9 그거 믿는 게 좋을 거야.   **You better believe it.**

You need to ~ 너 ~해야 해

- [ ] 1 너 집중해야 해. You need to focus.

- [ ] 2 너 철 좀 들어야 해. You need to grow up.

- [ ] 3 너 정신 차려야 해. You need to get a grip.

- [ ] 4 너 진정해야 해. You need to calm down.

- [ ] 5 너 좀 쉬어야 해. You need to get some rest.

- [ ] 6 너 다이어트 해야 해. You need to go on a diet.

- [ ] 7 너 면도해야 해. You need to shave.

- [ ] 8 너 긴장 풀어야 해. You need to relax.

- [ ] 9 너 뭐 좀 먹어야 해. You need to eat something.

DAY 067

You don't have to ~
~하지 않아도 돼

○ 1 이거 하지 않아도 돼.   You don't have to do this.

○ 2 그런 말 하지 않아도 돼.   You don't have to say that.

○ 3 다 먹지 않아도 돼.   You don't have to eat it all.

○ 4 창피해하지 않아도 돼.   You don't have to be embarrassed.

○ 5 그건 걱정 안 해도 돼.   You don't have to worry about that.

○ 6 나한테 그렇게 많이 주지 않아도 돼.   You don't have to give me that much.

○ 7 기다리지 않아도 돼.   You don't have to wait.

○ 8 미안해하지 않아도 돼.   You don't have to be sorry.

○ 9 무서워하지 않아도 돼.   You don't have to be scared.

If I were you, I'd ~
내가 너라면 ~할 거야

○ 1 내가 너라면 다른 일자리를 구할 거야.
If I were you, I'd get another job.

○ 2 내가 너라면 그와 헤어질 거야.
If I were you, I'd break up with him.

○ 3 내가 너라면 그건 걱정하지 않을 거야.
If I were you, I wouldn't worry about that.

○ 4 내가 너라면 어릴 때 결혼할 거야.
If I were you, I'd marry young.

○ 5 내가 너라면 그 돈 받을 거야.
If I were you, I'd take the money.

○ 6 내가 너라면 내 시간을 낭비하지 않을 거야.
If I were you, I wouldn't waste my time.

○ 7 내가 너라면 그녀에게 말하지 않을 거야.
If I were you, I wouldn't tell her.

○ 8 내가 너라면 신날 거야.
If I were you, I'd be excited.

○ 9 내가 너라면 그를 믿지 않을 거야.
If I were you, I wouldn't trust him.

> **DAY 069**
>
> **I'd rather ~**
> 나 ~하는 게 좋겠어, 차라리 ~하는 게 낫겠어

○ 1 나 네가 그러지 않았으면 좋겠어. **I'd rather you didn't.**

○ 2 나 그 얘기는 하지 않는 게 좋겠어. **I'd rather not talk about it.**

○ 3 (그러느니) 차라리 죽는 게 낫겠어. **I'd rather die.**

○ 4 나 너랑 같이 가는 게 좋겠어. **I'd rather go with you.**

○ 5 나 관여하지 않는 게 좋겠어. **I'd rather not get involved.**

○ 6 나 어느 쪽 편도 들지 않는 게 좋겠어. **I'd rather not take sides.**

○ 7 나 말하지 않는 게 좋겠어. **I'd rather not say.**

○ 8 나 혼자 있는 게 좋겠어. **I'd rather be alone.**

○ 9 나 여기 있는 게 좋겠어. **I'd rather stay here.**

You promised to ~

너 ~하기로 약속했잖아

○ 1 너 그거 하기로 약속했잖아.   You promised to do it.

○ 2 너 점잖게 행동하기로 약속했잖아.   You promised to behave.

○ 3 너 나 도와주기로 약속했잖아.   You promised to help me.

○ 4 너 나를 데려가기로
       약속했잖아.   You promised to take me with you.

○ 5 너 동물원에 애들 데려가기로
       약속했잖아.   You promised to take the kids to the zoo.

○ 6 너 너한테 키스하게 해 준다고
       약속했잖아.   You promised to let me kiss you.

○ 7 너 나한테 보여 주기로 약속했잖아.   You promised to show me.

○ 8 너 나랑 결혼하기로 약속했잖아.   You promised to marry me.

○ 9 너 그거 지우기로 약속했잖아.   You promised to erase it.

DAY 071 : **You look ~** 너 ~해 보여

○ 1 너 좋아 보여.   **You look great.**

○ 2 너 거지같아 보여.   **You look terrible.**

○ 3 너 달라 보여.   **You look different.**

○ 4 너 아름다워 보여.   **You look gorgeous.**

○ 5 너 웃겨 보여.   **You look funny.**

○ 6 너 긴장돼 보여.   **You look nervous.**

○ 7 너 피곤해 보여.   **You look tired.**

○ 8 너 걱정돼 보여.   **You look worried.**

○ 9 너 완벽해 보여.   **You look perfect.**

You look like ~ 너 ~ 같다, 너 ~처럼 보여

○ 1 너 천사 같다.　　　　　　You look like an angel.

○ 2 너 거지 같다.　　　　　　You look like shit.

○ 3 너 완전 멋져 보여.　　　　You look like million bucks.

○ 4 너 유치원 선생님 같다.　　You look like a kindergarten teacher.

○ 5 너 다른 사람 같다.　　　　You look like someone else.

○ 6 너 유령이라도 본 것 같다.　You look like you've seen a ghost.

○ 7 너 모델 같다.　　　　　　You look like a model.

○ 8 너 공주 같다.　　　　　　You look like a princess.

○ 9 너 범생이 같다.　　　　　You look like a nerd.

DAY 073

You sound like ~
너 ~처럼 말한다, 너 ~처럼 들린다

○ 1 너 우리 엄마처럼 말한다.　　You sound like my mom.

○ 2 너 재수없게 말한다.　　You sound like an asshole.

○ 3 너 재미있는 것처럼 들린다.　　You sound like you're having fun.

○ 4 너 바가지 긁는 와이프처럼 말한다.　　You sound like a nagging wife.

○ 5 너 기분 좋은 것처럼 들린다.　　You sound like you're in a good mood.

○ 6 너 그거 기대하는 것처럼 들린다.　　You sound like you're looking forward to it.

○ 7 너 너희 아빠처럼 말한다.　　You sound like your dad.

○ 8 너 게이처럼 말한다.　　You sound like a gay.

○ 9 너 우리랑 같이 안 갈 것처럼 말한다.　　You sound like you're not coming with us.

Don't tell me you ~
너 설마 ~라는 건 아니겠지?

○ 1 너 설마 까먹었다는 건 아니겠지?   Don't tell me you forgot.

○ 2 너 설마 기억나지 않는다는 건
아니겠지?   Don't tell me you don't remember.

○ 3 너 설마 모른다는 건 아니겠지?   Don't tell me you don't know.

○ 4 너 설마 또 일 그만뒀다는 건
아니겠지?   Don't tell me you quit your job again.

○ 5 너 설마 그거 다 먹었다는 건 아니겠지?   Don't tell me you ate them all.

○ 6 너 설마 계획이 없다는 건
아니겠지?   Don't tell me you don't have a plan.

○ 7 너 설마 질투 난다는 건 아니겠지?   Don't tell me you're jealous.

○ 8 너 설마 오지 않겠다는 건 아니겠지?   Don't tell me you're not coming.

○ 9 너 설마 돈이 하나도 없다는 건
아니겠지?   Don't tell me you don't have any money.

DAY 075 | **I told you to ~** ～하라고 했잖아

○ 1 그 자리에 있으라고 했잖아.　　I told you to stay put.

○ 2 그 말 좀 그만하라고 했잖아.　　I told you to stop saying that.

○ 3 나가라고 했잖아.　　I told you to get out.

○ 4 집으로 바로 오라고 했잖아.　　I told you to come straight home.

○ 5 먼저 날 보러 오라고 했잖아.　　I told you to come see me first.

○ 6 그에게서 떨어져 있으라고 했잖아.　　I told you to stay away from him.

○ 7 밖에서 기다리라고 했잖아.　　I told you to wait outside.

○ 8 차에 있으라고 했잖아.　　I told you to stay in the car.

○ 9 그녀를 보고 있으라고 했잖아.　　I told you to watch her.

I told you not to ~ ~하지 말라고 했잖아

○ 1 그거 하지 말라고 했잖아.   I told you not to do it.

○ 2 오지 말라고 했잖아.   I told you not to come.

○ 3 나한테 이쪽으로 전화하지 말라고 했잖아.   I told you not to call me here.

○ 4 사무실에서 나 방해하지 말라고 했잖아.   I told you not to bother me at the office.

○ 5 아무한테도 말하지 말라고 했잖아.   I told you not to tell anyone.

○ 6 규칙을 어기지 말라고 했잖아.   I told you not to break the rules.

○ 7 보지 말라고 했잖아.   I told you not to look.

○ 8 거기 가지 말라고 했잖아.   I told you not to go there.

○ 9 아무것도 만지지 말라고 했잖아.   I told you not to touch anything.

DAY 077 **Why would I ~?** 내가 왜 ~하겠어?

○ 1 내가 왜 그러겠어? **Why would I do that?**

○ 2 내가 왜 그런 말을 하겠어? **Why would I say that?**

○ 3 내가 왜 너한테 거짓말하겠어? **Why would I lie to you?**

○ 4 내가 왜 너를 미워하겠어? **Why would I hate you?**

○ 5 내가 왜 그걸 원하겠어? **Why would I want that?**

○ 6 내가 왜 그걸 신경 쓰겠어? **Why would I care about that?**

○ 7 내가 왜 걱정하겠어? **Why would I worry?**

○ 8 내가 왜 질투하겠어? **Why would I be jealous?**

○ 9 내가 왜 널 도와주겠어? **Why would I help you?**

What if ~? 만약에 ~라면 어떻해?

○ 1 만약 비 오면 어떻해? **What if it rains?**

○ 2 만약 내가 틀리면 어떻해? **What if I'm wrong?**

○ 3 만약 그가 맞으면 어떻해? **What if he's right?**

○ 4 만약 네가 걸리면 어떻해? **What if you get caught?**

○ 5 만약 그가 날 좋아하지 않으면 어떻해? **What if he doesn't like me?**

○ 6 만약 그녀가 나타나지 않으면 어떻해? **What if she doesn't show up?**

○ 7 만약 네가 지면 어떻해? **What if you lose?**

○ 8 만약 그게 사실이면 어떻해? **What if it's true?**

○ 9 만약 누군가 우리를 보면 어떻해? **What if someone sees us?**

> **DAY 079** **Don't forget to ~** ～하는 거 잊지 마

○ 1 우유 사 오는 거 잊지 마. **Don't forget to pick up milk.**

○ 2 손 씻는 거 잊지 마. **Don't forget to wash your hands.**

○ 3 약 먹는 거 잊지 마. **Don't forget to take your medicine.**

○ 4 물 많이 마시는 거 잊지 마. **Don't forget to drink plenty of water.**

○ 5 강아지 밥 주는 거 잊지 마. **Don't forget to feed the dog.**

○ 6 숙제 하는 거 잊지 마. **Don't forget to do your homework.**

○ 7 내일 투표하는 거 잊지 마. **Don't forget to vote tomorrow.**

○ 8 네 여자 친구 데려오는 거 잊지 마. **Don't forget to bring your girlfriend.**

○ 9 미소 짓는 거 잊지 마. **Don't forget to smile.**

Don't make me ~ 나 ~하게 하지 마

◯ 1 나 기다리게 하지 마.   **Don't make me wait.**

◯ 2 나 웃게 하지 마.(웃기지 마.)   **Don't make me laugh.**

◯ 3 내게 선택하게 하지 마.   **Don't make me choose.**

◯ 4 나 이거 하게 하지 마.   **Don't make me do this.**

◯ 5 나 그거 후회하게 하지 마.   **Don't make me regret it.**

◯ 6 나 두 번 묻게 하지 마.   **Don't make me ask twice.**

◯ 7 나 걱정하게 하지 마.   **Don't make me worry.**

◯ 8 나 울게 하지 마.   **Don't make me cry.**

◯ 9 나 애원하게 하지 마.   **Don't make me beg.**

DAY 081 : I like your ~ 네 ~ 마음에 든다

○ 1 네 신발 마음에 든다.　　　　I like your shoes.

○ 2 네 머리 마음에 든다.　　　　I like your hair.

○ 3 네 가방 마음에 든다.　　　　I like your bag.

○ 4 네 향수 마음에 든다.　　　　I like your perfume.

○ 5 네 정장 마음에 든다.　　　　I like your suit.

○ 6 네 모자 마음에 든다.　　　　I like your hat.

○ 7 네 드레스 마음에 든다.　　　I like your dress.

○ 8 네 스타일 마음에 든다.　　　I like your style.

○ 9 네 치마 마음에 든다.　　　　I like your skirt.

Thanks for ~ ~해 줘서 고마워

○ 1 와 줘서 고마워.   Thanks for coming.

○ 2 불러 줘서 고마워.   Thanks for having me.

○ 3 전부 다 고마워.   Thanks for everything.

○ 4 시간 내 줘서 고마워.   Thanks for your time.

○ 5 염려해 줘서 고마워.   Thanks for your concern.

○ 6 태워 줘서 고마워.   Thanks for the ride.

○ 7 물어봐 줘서 고마워.   Thanks for asking.

○ 8 이해해 줘서 고마워.   Thanks for understanding.

○ 9 저녁 고마워.   Thanks for dinner.

DAY 083 : **I didn't mean to ~** ~하려던 건 아니야

○ 1 그러려고 한 건 아니야. I didn't mean to do that.

○ 2 그 말을 하려던 건 아니야. I didn't mean to say that.

○ 3 널 놀라게 하려던 건 아니야. I didn't mean to startle you.

○ 4 널 깨우려던 건 아니야. I didn't mean to wake you.

○ 5 네 기분을 상하게 하려던 건 아니야. I didn't mean to offend you.

○ 6 너에게 부담 주려던 건 아니야. I didn't mean to pressure you.

○ 7 네가 겁먹게 하려던 건 아니야. I didn't mean to scare you.

○ 8 널 다치게 하려던 건 아니야. I didn't mean to hurt you.

○ 9 방해하려던 건 아니야. I didn't mean to interrupt.

I'm glad ~ ～라서 기뻐

○ 1 네가 와서 기뻐. I'm glad you came.

○ 2 네 마음에 들어서 기뻐. I'm glad you like it.

○ 3 그 얘기 들으니 기뻐. I'm glad to hear that.

○ 4 네가 그렇게 말해 줘서 기뻐. I'm glad you said that.

○ 5 네가 여기 있어서 기뻐. I'm glad you're here.

○ 6 네가 돌아와서 기뻐. I'm glad you're back.

○ 7 네가 물어봐 줘서 기뻐. I'm glad you asked.

○ 8 네가 행복해서 기뻐. I'm glad you're happy.

○ 9 그가 괜찮아서 기뻐. I'm glad he's okay.

DAY
085

I'm afraid ~
유감이지만/유감스럽게도/아쉽지만 ~해

○ 1 아쉽지만 가봐야 할 것 같아.　I'm afraid I have to go.

○ 2 유감이지만 그거 못 할 것 같아. I'm afraid I can't do that.

○ 3 유감스럽게도 사고가 있었어.　I'm afraid there's been an incident.

○ 4 유감스럽게도 나쁜 소식이 있어. I'm afraid I have some bad news.

○ 5 유감이지만 더 이상 기다릴
　　　수 없어.　　　　　　　　I'm afraid I can't wait any
　　　　　　　　　　　　　　longer.

○ 6 유감이지만 네가 잘못 알고
　　　있는 것 같아.　　　　　　I'm afraid you're mistaken.

○ 7 아쉽게도 엘리베이터가 없어.　I'm afraid there's no elevator.

○ 8 유감이지만 그건 너한테
　　　말할 수 없어.　　　　　　I'm afraid I can't tell you that.

○ 9 유감이지만 널 도와주지
　　　못할 것 같아.　　　　　　I'm afraid I can't help you.

I can't believe ~ ~라니 믿기지 않아

○ 1 그녀가 그랬다니 믿기지 않아.　I can't believe she did that.

○ 2 그가 그런 말을 했다니 믿기지 않아.　I can't believe he said that.

○ 3 이런 일이 일어나다니 믿기지 않아.　I can't believe this is happening.

○ 4 내가 이걸 하다니 믿기지 않아.　I can't believe I'm doing this.

○ 5 네가 나한테 거짓말했다니 믿기지 않아.　I can't believe you lied to me.

○ 6 네가 그와 잤다니 믿기지 않아.　I can't believe you slept with him.

○ 7 네가 이사 가다니 믿기지 않아.　I can't believe you're moving.

○ 8 네가 그와 싸웠다니 믿기지 않아.　I can't believe you fought him.

○ 9 그게 너라니 믿기지 않아.　I can't believe it's you.

> **DAY 087** : **Why are you being so ~?**
> 너 왜 그렇게 ~한 거야?

○ 1 너 왜 그렇게 못되게 구는 거야? **Why are you being so mean?**

○ 2 너 왜 그렇게 이상하게 구는 거야? **Why are you being so weird?**

○ 3 너 왜 그렇게 나한테 잘해 주는 거야? **Why are you being so nice to me?**

○ 4 너 왜 그렇게 까다롭게 구는 거야? **Why are you being so difficult?**

○ 5 너 왜 그렇게 부정적인 거야? **Why are you being so negative?**

○ 6 너 왜 그렇게 심각한 거야? **Why are you being so serious?**

○ 7 너 왜 그렇게 이기적인 거야? **Why are you being so selfish?**

○ 8 너 왜 그렇게 무례하게 구는 거야? **Why are you being so rude?**

○ 9 너 왜 그렇게 조용한 거야? **Why are you being so quiet?**

Don't be ~ ~하게 굴지 마, ~하지 마

○ 1 미안해하지 마.　　　　Don't be sorry.

○ 2 바보 같이 굴지 마.　　　Don't be silly.

○ 3 화내지 마.　　　　　　Don't be mad.

○ 4 무서워하지 마.　　　　Don't be scared.

○ 5 언짢아하지 마.　　　　Don't be upset.

○ 6 창피해하지 마.　　　　Don't be embarrassed.

○ 7 부끄러워하지 마.　　　Don't be shy.

○ 8 긴장하지 마.　　　　　Don't be nervous.

○ 9 버릇없이 굴지 마.　　　Don't be rude.

DAY 089 **I love it when ~** ~가 ~할 때 너무 좋아

○ 1 네가 그럴 때 너무 좋아.　　　I love it when you do that.

○ 2 네가 음탕하게 말할 때 너무 좋아.　I love it when you talk dirty.

○ 3 네가 프랑스어 할 때 너무 좋아.　I love it when you speak French.

○ 4 네가 나한테 노래 불러 줄 때
　　너무 좋아.　　　　　　　　　I love it when you sing to me.

○ 5 그녀가 저렇게 말할 때 너무 좋아.　I love it when she talks like that.

○ 6 남자들이 날 두고 싸울 때 너무 좋아.　I love it when guys fight over me.

○ 7 네가 웃길 때 너무 좋아.　　　I love it when you're funny.

○ 8 네가 정장 입을 때 너무 좋아.　I love it when you wear the suit.

○ 9 네가 날 위해 요리할 때
　　너무 좋아.　　　　　　　　　I love it when you cook
　　　　　　　　　　　　　　　for me.

I hate it when ~ ~가 ~할 때 너무 싫어

○ 1 네가 그럴 때 너무 싫어.

I hate it when you do that.

○ 2 일이 내 뜻대로 되지 않을 때 너무 싫어.

I hate it when things don't go my way.

○ 3 사람들이 동물을 함부로 대할 때 너무 싫어.

I hate it when people treat animals badly.

○ 4 그녀가 징징거릴 때 너무 싫어.

I hate it when she whines.

○ 5 사람들이 쓰레기를 함부로 버릴 때 너무 싫어.

I hate it when people litter.

○ 6 그녀가 저렇게 날 쳐다볼 때 너무 싫어.

I hate it when she stares at me like that.

○ 7 우리가 싸울 때 너무 싫어.

I hate it when we fight.

○ 8 그가 옳을 때 너무 싫어.

I hate it when he's right.

○ 9 사람들이 내 말을 듣지 않을 때 너무 싫어.

I hate it when people don't listen to me.

DAY 091 : **It's hard to ~** ~하기 어려워

○ 1 설명하기 어려워.   It's hard to explain.

○ 2 믿기 어려워.   It's hard to believe.

○ 3 따라가기 어려워.   It's hard to keep up.

○ 4 일자리 구하기 어려워.   It's hard to get a job.

○ 5 여기 주차할 곳 찾기 어려워.   It's hard to find parking here.

○ 6 꾸준하게 하기 어려워.   It's hard to be persistent.

○ 7 이해하기 어려워.   It's hard to understand.

○ 8 상상하기 어려워.   It's hard to imagine.

○ 9 선택하기 어려워.   It's hard to choose.

That's because ~ 그건 ~해서 그래

○ 1 그건 네가 아름다워서 그래. That's because you're beautiful.

○ 2 그건 내가 널 사랑해서 그래. That's because I love you.

○ 3 그건 내가 널 믿어서 그래. That's because I believe in you.

○ 4 그건 그가 널 좋아해서 그래. That's because he likes you.

○ 5 그건 내가 엄청 기분이 상해서 그래. That's because I was super upset.

○ 6 그건 그녀가 왕재수라서 그래. That's because she's a bitch.

○ 7 그건 그게 사실이 아니라서 그래. That's because it's not true.

○ 8 그건 그들이 부자라서 그래. That's because they're rich.

○ 9 그건 내가 그녀를 싫어해서 그래. That's because I hate her.

DAY
093

That's why ~
그래서 ~한 거야, 그래서 ~한 거구나

○ 1 그래서 내가 널 사랑하는 거야.　　That's why I love you.

○ 2 그래서 내가 여기 있는 거야.　　That's why I'm here.

○ 3 그래서 너한테 물어보는 거야.　　That's why I'm asking you.

○ 4 그래서 그게 아주 중요한 거야.　　That's why it's so important.

○ 5 그래서 널 여기 데려온 거야.　　That's why I brought you here.

○ 6 그래서 네가 그걸 아주
　　잘하는구나.　　That's why you're so
　　　　　　good at it.

○ 7 그래서 우리가 싸운 거야.　　That's why we fought.

○ 8 그래서 내가 그를 떠난 거야.　　That's why I left him.

○ 9 그래서 네가 필요한 거야.　　That's why I need you.

That's what ~ ~이 바로 그거야

○ 1 내가 얘기하는 게 바로 그거야. **That's what I'm talking about.**

○ 2 내가 찾던 게 바로 그거야. **That's what I was looking for.**

○ 3 친구란 게 바로 그거야. **That's what friends are for.**

○ 4 너한테 얘기하려는 게
      바로 그거야. **That's what I'm trying to
      tell you.**

○ 5 내가 하려는 게 바로 그거야. **That's what I'm gonna do.**

○ 6 그녀가 말한 게 바로 그거야. **That's what she said.**

○ 7 내가 생각한 게 바로 그거야. **That's what I thought.**

○ 8 그가 원하는 게 바로 그거야. **That's what he wants.**

○ 9 우리 아빠가 하는 말이 바로 그거야. **That's what my dad says.**

DAY 095 : **There must be ~** 분명 ~가 있을 거야

○ 1 분명 실수가 있을 거야.   There must be some mistake.

○ 2 분명 오해가 있을 거야.   There must be a misunderstanding.

○ 3 분명 그 뒤에 뭐가 있을 거야.   There must be something behind it.

○ 4 거기엔 분명 이유가 있을 거야. There must be a reason for it.

○ 5 분명 우리가 할 수 있는   There must be something
        뭔가가 있을 거야.   we can do.

○ 6 분명 네가 잘하는 뭔가가   There must be something
        있을 거야.   you're good at.

○ 7 분명 다른 길이 있을 거야.   There must be another way.

○ 8 분명 다른 뭐가 있을 거야.   There must be something else.

○ 9 분명 네가 원하는 뭔가가   There must be something
        있을 거야.   you want.

There's nothing ~

~할 게 아무것도 없어, ~인 것은 아무것도 없어

○ 1 내가 할 수 있는 게 아무것도 없어.   There's nothing I can do.

○ 2 무서워할 게 아무것도 없어.   There's nothing to be scared of.

○ 3 거기에 수상한 것은
아무것도 없어.   There's nothing suspicious
about that.

○ 4 그것에 관해 네가 할 수 있는 게
아무것도 없어.   There's nothing you can
do about it.

○ 5 거기에 잘못된 것은
아무것도 없어.   There's nothing wrong
with that.

○ 6 남은 할 일이 아무것도 없어.   There's nothing left to do.

○ 7 얘기할 게 아무것도 없어.   There's nothing to talk about.

○ 8 걱정할 게 아무것도 없어.   There's nothing to worry about.

○ 9 그녀를 위해 우리가 할 수 있는 게
아무것도 없어.   There's nothing we can
do for her.

DAY 097 : I should have p.p.
~했어야 하는데, ~할 걸 그랬어

○ 1 엄마 말을 들었어야 하는데.　I should have listened to my mom.

○ 2 너한테 말했어야 하는데.　I should have told you.

○ 3 너랑 같이 있었어야 하는데.　I should have been with you.

○ 4 더 빨리 깨달았어야 하는데.　I should have realized sooner.

○ 5 옛날에 이걸 했어야 하는데.　I should have done this long time ago.

○ 6 의사가 됐어야 하는데.　I should have been a doctor.

○ 7 그녀에게 키스했어야 하는데.　I should have kissed her.

○ 8 내 선글라스를 가져왔어야 하는데.　I should have brought my sunglasses.

○ 9 그 집을 샀어야 하는데.　I should have bought the house.

I shouldn't have p.p.
~하는 게 아니었어, ~하지 말았어야 했어

○ 1 오는 게 아니었어.　　　　I shouldn't have come.

○ 2 너한테 말하는 게 아니었어.　I shouldn't have told you.

○ 3 그 말을 하는 게 아니었어.　I shouldn't have said that.

○ 4 그걸 먹는 게 아니었어.　　I shouldn't have eaten that.

○ 5 그 얘길 꺼내는 게 아니었어.　I shouldn't have brought it up.

○ 6 널 여기 데려오는 게
　　아니었어.　　　　　　I shouldn't have brought
　　　　　　　　　　　you here.

○ 7 그걸 하는 게 아니었어.　　I shouldn't have done that.

○ 8 물어보는 게 아니었어.　　I shouldn't have asked.

○ 9 거짓말하는 게 아니었어.　I shouldn't have lied.

DAY
099

You should have p.p.
너 ~했어야 하는데, 너 ~하지 그랬어

○ 1 너 그걸 봤어야 하는데.　　　You should have seen it.

○ 2 너 나한테 말하지 그랬어.　　You should have told me.

○ 3 너 우리랑 같이 갔어야 하는데.　You should have come with us.

○ 4 너 그에게 한 방 날렸어야 하는데.　You should have punched him.

○ 5 너 그걸 일찍 했어야 하는데.　　You should have done it earlier.

○ 6 너 우리와 함께했어야 하는데.　You should have joined us.

○ 7 너 전화하지 그랬어.　　　　You should have called.

○ 8 너 그의 얼굴을 봤어야 하는데.　You should have seen his face.

○ 9 너 캐나다로 갔어야 하는데.　　You should have gone to Canada.

You shouldn't have p.p.
너 ~하는 게 아니었어, 너 ~하지 말았어야 했어

○ 1 너 그러는 게 아니었어.   You shouldn't have done that.

○ 2 너 그 말 하는 게 아니었어.   You shouldn't have said that.

○ 3 너 일 그만두는 게 아니었어.   You shouldn't have quit your job.

○ 4 너 그렇게 마시는 게 아니었어.   You shouldn't have drunk like that.

○ 5 너 나를 여기 데려오는 게 아니었어.   You shouldn't have brought me here.

○ 6 너 그거 사지 말았어야 했어.   You shouldn't have bought it.

○ 7 너 그를 떠나지 말았어야 했어.   You shouldn't have left him.

○ 8 너 그녀에게 말하지 말았어야 했어.   You shouldn't have told her.

○ 9 너 돌아오지 말았어야 했어.   You shouldn't have come back.

Memo

Memo

Memo